LE MANUEL

DES

INQUISITEURS.

LE MANUEL

DES

INQUISITEURS,

A L'USAGE

DES INQUISITIONS

D'Eſpagne & de Portugal.

OU

ABREGE'

DE l'Ouvrage intitulé :

DIRECTORIUM INQUISITORUM,

COMPOSÉ vers 1358 par *Nicolas Eymeric*,
Grand Inquiſiteur dans le Royaume
d'Arragon.

*On y a joint une courte Hiſtoire de l'établiſſement
de l'Inquiſition dans le Royaume de Portugal,
tirée du latin de* Louis à Paramo.

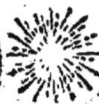

A LISBONNE,

M. DCC. LXII.

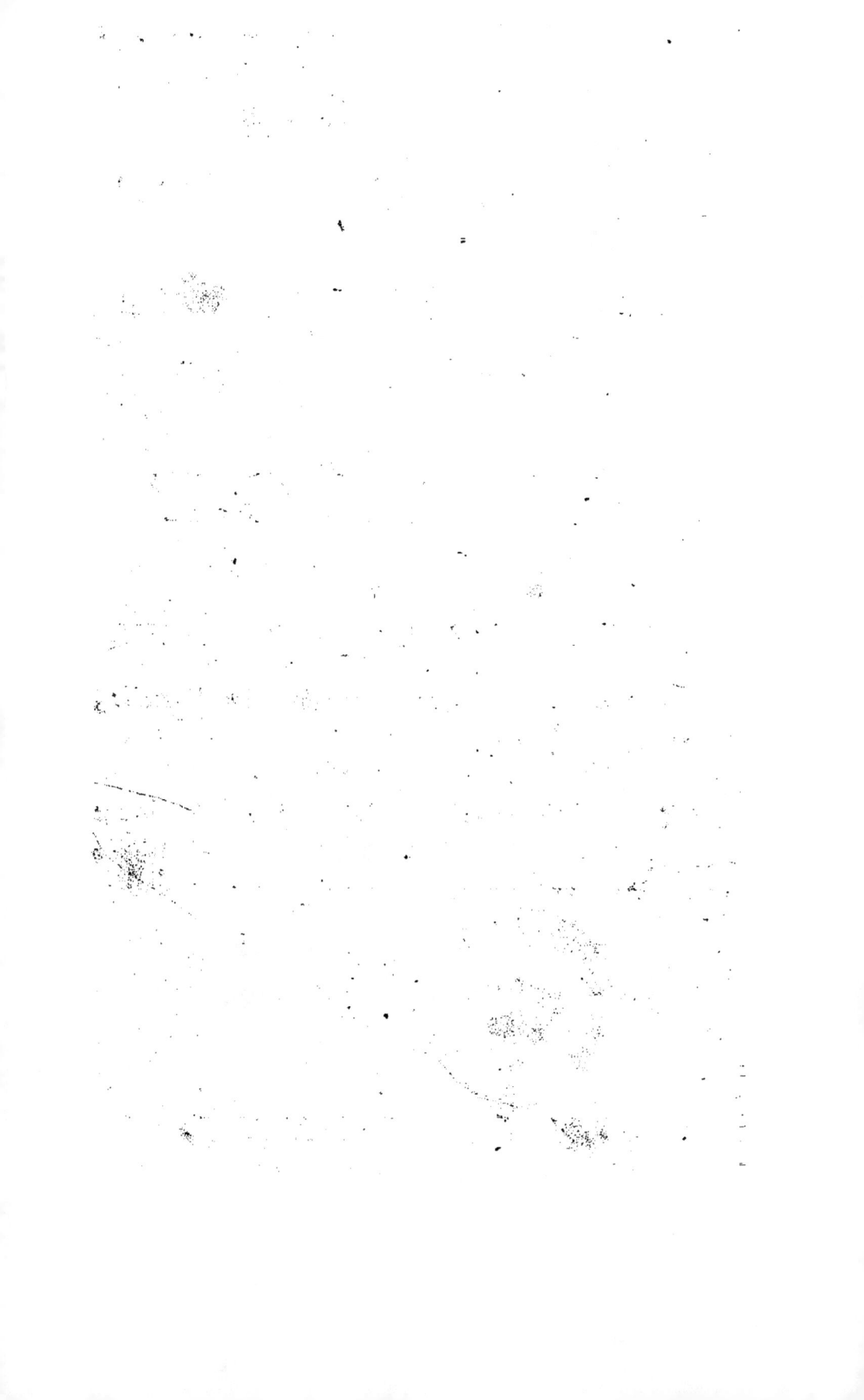

AVERTISSEMENT
DE L'ÉDITEUR.

LE R. P. *Malagrida*, *Jésuite*, ayant été brûlé à *Lisbonne* le 20 Septembre de la présente année 1761, en vertu d'un *Accordao* de la *Sainte Inquisition*; Le R. P. *Norbert*, ci-devant *Capucin*, & aujourd'hui *Janséniste*, sous le nom de l'*Abbé Platel*, a imprimé qu'en y regardant de plus près, il trouve que l'Inquisition est une fort bonne chose.

On comprend facilement, qu'au temps où nous sommes, les *Jésuites* ne peuvent pas être sur cela de l'avis du *Capucin*. Ils ont voulu combattre cette prétention; & pour donner une idée désavantageuse de la *Jurisprudence* du *Saint Office*, & justifier par-là, s'il est possible, leur R. P. *Malagrida* ils ont fait

A iij

faire par un ami de la Société, l'Ouvrage que nous préfentons ici au Public.

Nous remarquerons à ce fujet, qu'il s'eft fait en peu d'années, un changement bien confidérable dans les Maximes des deux Partis. Depuis feu Janfénius, les Janféniftes crioient contre la perfécution, & les Jéfuites trouvoient la perfécution fort raifonnable. Aujourd'hui c'eft tout le contraire. C'eft que les circonftances font changées ; on ne donne plus de Lettres de cachet aux Janféniftes, & on commence à brûler les Jéfuites. Or en changeant de Rôle, les uns & les autres ont changé d'opinion ; mais on devoit s'y attendre. Il eft tout fimple que ceux qui brûlent, foutiennent qu'il eft fort raifonnable de brûler, & que ceux qu'on brûle, le trouvent fort mauvais. Cela n'eft pas bien conféquent ; mais, c'eft la nature toute pure.

Comme nous nous sommes toujours picqués d'une exacte neutralité entre les Jésuites & les Jansénistes ; si nous avons cru pouvoir faire imprimer cette piece qui nous paroît assez favorable aux RR. PP. nous sommes prêts à communiquer aussi au public, ce que les Jansénistes pourront dire pour la défense des Tribunaux de la sainte Inquisition.

Voici, par exemple, un raisonnement que les Jansénistes pourront employer en faveur du saint Office. La Jurisprudence de l'Inquisition, développée dans l'ouvrage d'Eymeric, paroît avoir été approuvée & autorisée par l'Eglise. Des Conciles & des souverains Pontifes avoient dicté les Loix de ces Tribunaux ; des Evêques & des Inquisiteurs délégués par le saint Siége, les mettoient à exécution : comment ose-t-on donc les présenter comme inhumaines , & comme contraires aux principes de la morale & de la raison?　A iv

Nous ne voyons pas trop bien quelle réponse peuvent donner les Jésuites à cette difficulté. Si le R. P. Norbert nous en croit, il ne négligera pas de se servir de cet argument.

On cherchera peut-être à justifier l'ami de la Société, en faisant remarquer qu'il a traduit littéralement le texte d'Eymeric & celui de son Commentateur, & s'est abstenu de faire aucune réflexion : à quoi on ajoutera ; que si les Maximes de l'Inquisition ainsi exposées, révoltent la raison & l'humanité, ce n'est pas la faute du Traducteur.

A la vérité, la lecture du Directoire nous a convaincu que la traduction est exacte & fidéle, & on verra que le Traducteur se refuse aux réflexions les plus naturelles ; mais son Ouvrage n'en est que plus capable par cela même, de produire l'effet qu'il en a attendu, c'est-à-dire, de rendre l'Inquisition odieuse. On voit

percer à travers sa feinte modé-
ration une haine cruelle contre le
Saint Office ; & si jamais il vient
à tomber entre les mains de Messieurs les Inquisiteurs, il sera certainement brûlé : quoique brûler
ne soit pas répondre.

Mais pourquoi l'Auteur de l'A-
bregé du Directoire choisit-il Eymeric parmi tant d'autres qui ont écrit
pour l'instruction des Inquisiteurs ?
Il est vrai qu'une infinité d'Écrivains
ont traité cette matiere avec la plus
grande profondeur : on distingue
entr'autres l'Auteur anonyme du
Répertoire des Inquisiteurs, *Roias*
dans ses Singularités sur la Foi,
Sousa dans ses Aphorismes des
Inquisiteurs, *Masini* dans l'Arse-
nal sacré du Saint Office, *Alphonsus à Spina* dans le Fortin de
la Foi, *Calderinus* dans ses Rubri-
ques, *Bernardus Comensis* dans sa
Lanterne des Inquisiteurs, *Locatus*, *Ancharanus*, *Campegius*,

Zanchinus, Felynus, Hugutius, Carrerius, Grillandus, Ananias, Simancas, Gigas, Abbas, Andreas, Diaz, Covarruviaz, Prieraz & Due- gnas, &c. Tabienfis & Gomes, Squillacenfis, Sallelès, &c. Les noms de ces grands hommes paſſeront fans doute à la poſtérité comme leurs Ouvrages ; mais en leur rendant juſtice, nous avouons que les raiſons que l'Auteur apporte de la préfé- rence qu'il a donnée à Eymeric, nous paroiſſent tout-à-fait déciſives. Nos Lecteurs s'en convaincront, en liſant la Préface ſuivante.

Nous ne diſons rien de la courte Hiſtoire de l'origine de l'Inquiſition en Portugal. Il eſt certain que les Inquiſiteurs de Lisbonne doivent être fachés qu'on remonte à leur généa- logie.

PRÉFACE

DE L'AUTEUR

DE L'ABRÉGÉ DU DIRECTOIRE des Inquisiteurs.

LE Directoire des Inquisiteurs, dont nous donnons ici l'extrait, a été composé environ vers le milieu du XIVe siécle par Nicolas Eymeric, Grand Inquisiteur dans le Royaume d'Arragon.

Eymeric adressa son Ouvrage aux Inquisiteurs ses Confreres, en vertu de l'autorité de sa Charge.

Son livre estimé dans les Inquisitions, & conservé soigneusement en manuscrit, y servit dès-lors de regle de conduite & de Code criminel. Peu de tems après l'invention de l'Imprimerie, on se pressa d'en donner une Edition à Barcelonne, qui se répandit bientôt dans toutes les Inquisitions du monde chrétien. L'estime générale

qu'on faisoit de cet Ouvrage, engagea François Pegna, Docteur en
Théologie & Canoniste, à le faire
réimprimer à Rome, avec des scho-
lies & des Commentaires, *in-fol.*
en 1558. Cette Edition est dédiée
à Grégoire XIII. Voici quelques
morceaux de l'Epître Dédicatoire,
qui feront voir l'idée qu'on avoit
de l'Ouvrage d'Eymeric.

,, Tandis que les Princes Chré-
,, tiens s'occupent de toute part à
,, combattre par les armes les en-
,, nemis de la Religion Catholi-
,, ques, & prodiguent le sang de
,, leurs soldats pour soutenir l'u-
,, nité de l'Eglise & l'autorité du
,, Siége Apostolique : . . . . . Il est
,, aussi des Ecrivains zélés qui tra-
,, vaillent dans l'obscurité ou à ré-
,, futer les opinions des Novateurs,
,, ou à armer & à diriger la puis-
,, sance des loix contre leurs per-
,, sonnes, afin que la sévérité des
,, peines & la grandeur des sup-
,, plices, les contenant dans les
,, bornes du devoir, fasse sur eux,

„ ce que n'a pu faire l'amour de
„ la vertu..... Quoique j'occupe
„ la derniere place parmi ces Dé-
„ fenseurs de la Religion ; je suis
„ cependant animé du même zéle,
„ pour réprimer l'audace impie des
„ Novateurs & leur horrible mé-
„ chanceté..... Le travail que je
„ vous présente ici sur le Direc-
„ toire des Inquisiteurs en sera la
„ preuve. Cet Ouvrage de Nico-
„ las Eymeric, respectable par son
„ antiquité , contient un Abrégé
„ des principaux Dogmes de la
„ foi, & une Instruction très-sui-
„ vie & très-méthodique aux Tri-
„ bunaux de la sainte Inquisition,
„ sur les moyens qu'ils doivent em-
„ ployer pour contenir & extirper
„ les Hérétiques..... C'est pourquoi
„ j'ai cru devoir en faire un hom-
„ mage à Votre Sainteté , comme
„ au Chef de la République Chré-
„ tienne , &c. »

Cette Edition est faite *in Ædibus*
Populi Romani au Capitole. C'est
au Sénat & au Peuple Romain, que

le privilége en est accordé ; & on
voit au frontispice la devise : *Se-
natus Populusque Romanus.* C'est
celle d'après laquelle on a fait l'A-
brégé suivant.

De fortes raisons nous ont déterminé à choisir cet Ouvrage,
pour faire connoître les maximes
& la Jurisprudence de l'Inquisition. 1º. Le Directoire est un livre
dogmatique fait *ex Professo*, pour
instruire les Inquisiteurs, & pour
leur servir de regle.

2º. Cet Ouvrage est autorisé
par les approbations que lui ont
donné les Souverains Pontifes,
toutes les Inquisitions du monde
Chrétien, & tous les Ecrivains qui
ont travaillé depuis pour l'instruction des Inquisiteurs.

3º. Cet Ouvrage est un des plus
anciens parmi ceux qu'on a écrit
sur cette matiere : il a été composé environ 135 ans après la mort
de S. Dominique, qui a été comme on le croit, le premier Inquisiteur : ainsi les maximes qu'on y

trouve, repréfentent plus naï-
vement, & avec plus de vérité
l'efprit des Tribunaux de l'Inquifition, & font la véritable bafe fur
laquelle s'eft élevée la Jurifprudence du Saint Office.

Ces réflexions doivent fuffire
pour nous mettre à couvert du
reproche qu'on pourroit nous faire
d'écrire fur une matiere qui a déja
été traitée par beaucoup d'Auteurs.
L'extrait du *Directoire des Inquifiteurs* doit-être pour des Lecteurs
curieux & judicieux, un Ouvrage
plus intéreffant que ceux de quelques Ecrivains comme Dellon, qui
ont été prifonniers du Saint Office,
& qui avoient à vanger leurs propres injures, ou de quelques Auteurs Proteftans, dont l'autorité
eft toujours un peu fufpecte.

On poura penfer peut être que
les maximes de l'Inquifition font
bien changées depuis le quatorziéme fiécle ; qu'au tems d'Eymeric,
comme il paroît par fon Ouvrage
même, les Inquifiteurs n'ayant pas

encore d'établissement fixe , & obligés de se transporter d'un endroit à l'autre pour aller au secours de la Foi , étoient forcés d'expédier les Hérétiques en bref, & de négliger des formes trop longues & trop scrupuleuses; mais que depuis qu'ils ont eû des Tribunaux stables, leur Jurisprudence est devenue plus réguliere & plus humaine, d'où on conclura que le Tableau qu'on présente ici de l'Inquisition du quatorziéme siécle, ne ressemble pas à l'Inquisition telle qu'elle est dans le dix-huitiéme.

Nous répondons , qu'en effet , les Tribunaux de l'Inquisition ont pris successivement différentes formes : on place communément la création des premieres Inquisitions au commencement du treiziéme siécle. Les Inquisiteurs agissoient dans ce tems - là , de concert avec les Evêques ; les prisons de l'Evêque & de l'Inquisiteur étoient souvent les mêmes , & quoique dans le cours de la procédure, l'Inquisiteur pût agir en son nom, il y avoit certaines choses qu'il ne pouvoit faire sans l'Evêque, comme de condamner à la prison perpétuelle, ou de faire appliquer à la question, de prononcer la Sentence définitive, &c. Les disputes survenues entre les Evêques & les Inquisiteurs sur les limites de leur autorité, sur les dépouilles des condamnés, &c. obligerent les Souverains Pontifes de rendre les Inquisitions indépendantes & séparées des Tribunaux des Evêques. Cette séparation se fit en Espagne vers l'an 1433, par le Pape Sixte IV. sous le regne de Ferdinand V. Le Pape créa un Inquisiteur Général pour l'Espagne, muni du pouvoir de nommer des Inquisiteurs particuliers, & Ferdinand fonda & dota les Inquisitions. Les Tribunaux de l'Inquisition furent établis en Portugal sur le même pied qu'en Espagne, & dans le Royaume d'Arragon,

vers le commencement du ſiécle
ſuivant.

Mais malgré ces changemens,
les premieres maximes des Tribunaux du Saint-Office, & la forme
de la procédure, reſterent toujours les mêmes. Ces maximes &
cette forme, étoient fondées ſur les
déciſions des Conciles, des Souverains Pontifes & ſur les Loix des
Empereurs ; les Inquiſiteurs qui les
avoient ſuivies pendant qu'ils agiſ-
ſoient de concert avec les Evêques, & qu'ils étoient *ambulans*,
les conſerverent en formant leurs
nouveaux établiſſemens.

Voici d'autres réflexions qui ſer-
viront à prouver que les maximes
d'Eymeric ſubſiſtent encore dans
les Tribunaux du S. Office.

1°. L'édition d'après laquelle
nous donnons un abrégé du directoire, eſt de 1578, c'eſt-à-dire,
poſtérieure de deux cent ans à
l'ouvrage d'Eymeric, & de plus de
cent ans à l'établiſſement des Tribunaux fixes de l'Inquiſition en

Espagne & en Portugal. Or l'Editeur François Pegna, qui y a joint un très-grand nombre de remarques, déclare *qu'il le fait réimprimer pour l'instruction des Inquisiteurs, que cet Ouvrage est aussi admirable que respectable, & qu'on y enseigne avec autant de piété que d'érudition, les moyens de contenir & d'extirper les Hérétiques, &c.*

2°. Nous avons vû que cette édition de Pegna est dédiée à Gregoire XIII, & approuvée par ce Pape ; nous ajouterons que Pegna reconnoît en plusieurs endroits, qu'il a de grandes obligations aux Cardinaux Inquisiteurs à Rome, pour les conseils qu'ils ont bien voulu lui donner, qu'il leur dédie un recueil de Bulles qui sert de supplément au Directoire, & qu'il se loue par tout des approbations authentiques que ces quatre Cardinaux ont donné à son travail.

3°. Ce même commentateur cite par-tout une infinité d'écrivains postérieurs à Eymeric, ou ses propres

contemporains, qui ont fuivi pas
à pas la doctrine du Directoire. Il
fe plaint même qu'on a fouvent
profité de cet ouvrage fans faire
honneur à l'Auteur des belles chofes qu'on lui déroboit, qu'au refte
la bonté, la prudence & l'équité
des maximes d'Eymeric en de-
meuroient d'autant mieux prou-
vées, que ces maximes étoient
adoptées par un plus grand nombre d'Auteurs.

4°. On ne trouve entre le
commentaire & le texte, que des
différences très-légéres. Les notes
de Pegna ne font que le dévelop-
pement des maximes du Directoire,
& même quelquefois le Commentateur encherit fur la dureté de l'o-
riginal.

5°. Des Auteurs encore plus
modernes que Pegna, comme Soufa, Sallelès, Mafini, citent con-
tinuellement & avec éloge, Eymeric & fon Commentateur.

6°. Dans tout ce qu'ont écrit de
l'état actuel des Inquifitions, De-

ſon, Marſollier à Limborch, on reconnoît les principes d'Eymeric & de ſon Commentateur.

Les maximes d'Eymeric ce ſont donc conſervées dans les Tribunaux du Saint-Office juſqu'à nos jours par une tradition non interrompue. Si on s'en eſt quelquefois écarté dans le fait, c'eſt ſans les abandonner dans le droit : ces adouciſſemens même ne ſe ſont gueres faits que dans les Inquiſitions d'Italie, tandis que celles d'Eſpagne & ſur-tout celles de Portugal, dont il s'agit plus particulierement, ont conſervé toute leur ancienne ſévérité. Enfin la doctrine d'Eymeric a toujours été, & eſt encore aujourd'hui la véritable baſe ſur laquelle eſt établie toute la Juriſprudence des Inquiſitions du monde Chrétien : vérité qu'il nous a paru néceſſaire d'établir.

L'ouvrage d'Eymeric eſt diviſé en trois Parties, la premiere présente un exposé des principaux points de la foi Chrétienne, formé des décisions des Souverains Pontifes & des Conciles, & des Décrétales.

Eymeric ajoute à ces décisions, douze questions sur la foi Catholique, plus directement relatives à l'instruction des Inquisiteurs.

Dans la deuxieme Partie, qui est plus considérable que la premiere, Eymeric recueille les Décrétales des Papes, les décisions des Conciles & les Constitutions des Empereurs, relatives aux Hérétiques & à leurs fauteurs, aux Magiciens, aux Excommuniés, aux Juifs & aux Infidéles : il joint à ces loix, la Glose ordinaire sur les Décrétales de Gregoire I X, tit. *de hæreticis*. Le commentaire d'Henri, Cardinal d'Ostie, sur le même sujet. La Glose sur le Sexte, au même tit. *de hæreticis*, & le commentaire de Guido de Bayso, Archidiacre de Bologne,

La glofe fur les Clementines, tit. *de hæreticis*, & le commentaire de Paul de *Leazariis*. Un extrait d'un Concile de Sarragoffe, qui régle la conduite des Inquifiteurs ; enfin il termine cette partie par l'éxamen de 58 queftions.

La troifieme Partie eft plus particulierement l'ouvrage d'Eymeric, (car les deux autres, ne font, comme on vient de le voir, que des compilations,) elle eft divifée en trois fections : la premiere traite de la maniere dont on doit commencer le Procès en matiere d'héréfie ; la deuxieme, de la maniere de le continuer, & la troifieme, de la maniere de le conclure. Cette troifieme partie eft fuivie, comme les deux autres, de queftions au nombre de cent trente-une, qui fervent à développer & à expliquer les régles que l'Auteur à données.

Nous avons cru devoir nous écarter de l'ordre fuivi par Eyme-

ric , pour épargner à nos lecteurs
les répétitions fans nombre dans
lefquelles cet Auteur eft tombé , &
qui étoient une fuite néceffaire du
plan informe qu'il a fuivi , &
nous avons rapporté à un certain nombre de chefs , toutes les
maximes éparfes dans l'ouvrage
d'Eymeric , & qu'on y trouve répétées jufqu'à trois & quatre fois.

Nous avons joint à l'extrait du
texte d'Eymeric , l'extrait du commentaire de Pegna ; cette addition
nous a paru néceffaire , parce que
ce commentaire fert à développer
mieux les maximes d'Eymeric , &
fait avec le directoire , un corps
de Doctrine plus entier & mieux
fuivi , & parce que l'ouvrage de
Pegna prouve une chofe impor-
tante que nous avons avancée ,
c'eft-à-dire que la Doctrine du Directoire à été mife en pratique , &
s'eft perpétuée dans les Tribunaux
de l'Inquifition. Nous avons toujours diftingué par les citations ,
les

les endroits tirés du Directoire, de ceux que nous avons extraits du Commentaire de Pegna. Si nous n'avons pas mis fous les yeux de nos lecteurs les expreffions latines de l'original, c'eft que nous avons craint d'augmenter inutilement la groffeur du volume, & même de détourner l'attention.

Nous devons avertir que nous n'avons pas prétendu donner une idée complete de la Jurifprudence de l'Inquifition, & de la forme de la procédure; ainfi nous avons négligé quelquefois certains détails, dont l'omiffion formera peut être quelques vuides; mais outre qu'Eymeric lui-même ne nous a pas toujours fourni ces détails, nous avons cru devoir omettre ceux qui fe trouvent dans des ouvrages qui font entre les mains de tout le monde, ou qui n'étant pas d'ailleurs fort intéreffans, font entierement communs aux Tribunaux civils & à ceux de l'Inquisition.

Nous ne disons rien de la fidélité & de l'exactitude de notre traduction; elle est presque toujours
litttérale ; cependant elle nous a
coûté quelque travail. Nous avions
à rendre un latin barbare ; à réta-
blir l'ordre & la netteté dans certains endroits ; à donner de la
force à nos expressions en conser-
vant la naïveté de l'original ; à
rapprocher quelquefois des traits
éloignés pour les faire sortir l'un
par l'autre , & , ce qui nous a
coûté beaucoup , nous devions
aussi nous abstenir de communiquer
une foule de réflexions que l'original tendoit à nous arracher à tous
momens. Voilà les difficultés que
nous avions à vaincre. Nous avons
quelque droit à l'indulgence de
nos Lecteurs.

LE MANUEL

DES

INQUISITEURS.

CHAPITRE PREMIER.

DE LA PROCEDURE DU S. OFFICE
en général.

EN matiere d'héréfie on procédera tout uniment fans les
criailleries des Avocats & fans
tant de folemnités dans les jugemens.
*Simpliciter & de plano fine Advocatorum &
judiciorum ftrepitu & figura.* C'eft-à-dire,
qu'on rendra la procédure la plus courte
qu'il eft poffible en en retranchant les
délais inutiles, en travaillant à inftruire
la caufe même dans les jours où les
autres Juges fufpendent leurs travaux,
en rejettant tout appel qui ne fert qu'à
éloigner le jugement, en n'admettant
pas une multitude inutile de témoins,

B ij

&c. bien entendu qu'on n'obmettra point les précautions néceffaires pour s'affurer de la vérité, & qu'on ne refufera pas à l'Accufé les défenfes légitimes. *Direct. 3. part.* pag. 369 & 370.

C'eft-là un grand & beau privilége du Tribunal de l'Inquifition, que les Juges n'y foient pas tenus de fuivre l'ordre judiciaire, & que l'obmiffion de quelque formalité de droit ne vitie pas la procédure, pourvû toutefois qu'on n'en ôte point les chofes effentielles au traitement de la caufe.

Sur quoi j'avertis d'après l'excellente obfervation de *Tabienfis* & de *Locatus*, qu'un procès en matiere d'héréfie, doit être auffi exactement fait quant à fes parties effentielles, que fi l'on procédoit felon toutes les formes de droit. *Pegna, adnot. lib. 3. Schol.* 112.

Il y a trois manieres de commencer le procès en matiere d'héréfie, l'*accufation*, la *dénonciation* & l'*Inquifition*.

Le procès eft intenté par accufation, lorfqu'un Délateur s'offre à prouver ce qu'il avance, en fe foumettant à la peine du talion s'il ne le prouve pas.

L'Inquifiteur doit fuivre très-rarement cette maniere de procéder; 1°. parce que ce n'eft pas l'ufage ordinaire;

2°. parce que l'*Accusateur* court de grands risques ; 3°. parce que cette méthode est longue & litigieuse. Il doit au contraire avertir l'accusateur des risques qu'il court, & le détourner autant qu'il est en lui.

Si les dépositions ne forment que des sémi-preuves contre l'Accusé, alors l'Inquisiteur doit conseiller au Délateur de changer dans sa plainte le mot d'*accusation* en celui de *dénonciation* à cause du danger qu'il pourroit courir & suivre lui-même l'instance *ex officio*. Que si ces mêmes dépositions ne chargent l'Accusé en aucune façon, alors l'Inquisiteur conseillera encore au Dénonciateur de se désister tout-à-fait, & se désistera lui-même.

Si le Délateur persiste ou reçoit l'accusation par écrit, l'Accusateur devient partie, & l'Inquisiteur n'agit plus d'office ; mais *ad instantiam partis*. Direct. 3. part. pag. 283 & 285.

La peine du talion n'a pas lieu aujourd'hui dans l'accusation en matiere d'hérésie, & on ne doit point obliger les Accusateurs de s'y soumettre, au cas qu'ils ne puissent pas prouver ce qu'ils avancent ; il faut cependant punir le Délateur convaincu de faux, d'une peine très-grave,

Au reste, on ne laisse plus faire aux particuliers le rôle d'Accusateurs en titre, c'est un Procureur du Saint Office, appellé Procureur Fiscal, qui intente l'accusation comme chargé d'un ministere public, & qui par conséquent n'est soumis à aucune peine, lorsqu'il ne peut pas prouver son accusation. *Pegna adnot. lib. 3. Schol. XIV.*

La deuxiéme méthode de former le procès par la *dénonciation*, est la plus usitée : on dénonce quelqu'un comme coupable d'hérésie sans se rendre partie, & seulement pour ne pas encourir l'excommunication portée contre ceux qui ne dénoncent pas, ou par zéle pour la foi.

On reçoit les dénonciations ou dans un écrit que présente le dénonciateur, ou bien en écrivant ce qu'il dit de vive voix, on le fait jurer sur l'Evangile de dire vérité, & on l'interroge sur les circonstances du tems & du lieu, sur les motifs qui l'engagent à dénoncer, &c. Dans le cours de cette procédure, l'Inquisiteur agit *ex Officio*, & l'Accusé

n'a point de partie adverse. *Direct.*
part. 3. p. 283 & 284.

L'Inquisiteur peut recevoir les dénonciations assisté du seul Greffier,
& il n'est pas nécessaire qu'il y inter-
vienne des témoins. *Adnot. lib.* 3.
Schol. XV.

L'obligation de dénoncer un hérétique a toujours lieu, nonobstant toute
espece de serment, d'engagement, de
promesse de garder le secret faite au
contraire, & il ne faut employer la
correction fraternelle avant la dénonciation, que très-rarement, & après
les plus mûres réflexions, & il est
toujours plus sûr de l'obmettre. *Adnot.*
lib. 2. *Schol.* 15.

Si une accusation intentée étoit dé-
pourvue de toute apparence de vérité,
il ne faut pas pour cela que l'Inquisiteur l'efface de son livre, parce que ce
qu'on ne découvre pas dans un tems,
se découvre dans un autre. *Direct. part.*
3. p. 283.

La troisiéme maniere de commencer
un procès en matiere d'héréfie, est la
voie d'*Inquisition*, on l'emploie lorsqu'il n'y a ni Dénonciateur ni, Accu-
fateur.

Il y a deux especes d'inquisitions ;

une générale , c'eſt une recherche des
hérétiques que font faire les Inquiſiteurs de tems en tems dans un Dio-
cèſe ou dans un pays, elle eſt preſcrite
par le Concile de Touloufe en ces
termes :

» Dans toutes les Paroiſſes , on choi-
» ſira un ou deux Prêtres & deux ou
» trois Laïques , gens de bien , à qui
» on fera prêter ſerment, & qui feront
» des recherches fréquentes & ſcrupu-
» leuſes dans toutes les maiſons , dans
» les chambres, greniers , ſouterrains,
&c. pour s'aſſurer s'il n'y a pas des
hérétiques cachés.

Lorſque par ces précautions ou par
d'autres on a découvert un hérétique,
alors ſans qu'il y ait ni Accuſateur ni
Dénonciateur, l'Inquiſiteur peut exercer ſon miniſtere & agir *ex Officio.*
Direct. part. 3. pag. 284 & adnot. lib.
3. Schol. XVI.

La deuxiéme eſpece d'Inquiſition a
lieu, lorſque le bruit public porte aux
oreilles de l'Inquiſiteur , que telle ou
telle perſonne a dit ou fait quelque
choſe contre la foi, alors l'Inquiſiteur
cite à ſon Tribunal des témoins , & les
interroge ſur la mauvaiſe réputation
de l'Accuſé ; il leur demande ſi on dit

que l'Accusé est hérétique & depuis quand, & d'après leur réponse, lorsqu'elle constate la mauvaise réputation. Il cite l'Accusé lui-même pour venir rendre compte de sa foi, & se faire purger du soupçon qu'on a sur lui. *Direct. ibidem.*

On peut faire de semblables recherches, même contre une personne qui n'est pas diffamée d'hérésie ; mais il faut qu'un Inquisiteur se conduise alors avec beaucoup de circonspection & de secret, afin de ne pas donner trop légérement atteinte à l'honneur d'un Citoyen. *Adnot. lib. 3. Schol.* XVI.

La procédure par voie d'inquisition, est appuyée comme on le voit, sur le bruit public ; mais le bruit public lui-même doit être constaté par deux témoins. Pour obtenir par-là une preuve complete, il faut que les deux témoins soient graves & connus comme d'honnêtes gens ; il suffit pour constater la mauvaise réputation de l'Accusé, qu'ils disent qu'ils ont entendu dire à un tel ou à un tel que l'Accusé est hérétique, & leur déposition fait foi, quand les deux témoins n'auroient pas entendu tenir ce propos aux mêmes personnes. *Adnot. lib. 3. Schol.* XX.

Lorſque des témoins dépoſent qu'un Accuſé a la réputation d'être hérétique, & qu'on leur demande ce que c'eſt que la réputation, la renommée (*quid eſt fama*) il n'eſt pas néceſſaire qu'ils en donnent une définition exacte, il ſuffit qu'ils diſent que c'eſt ce qu'on dit communément. *Adnot. lib.* 3. *Schol.* 17.

Quoique régulierement parlant & en matiere civile, perſonne ne ſoit obligé de fournir contre lui-même, les piéces qui peuvent ſervir de preuves de ſon délit, cette obligation a lieu en matiere d'héréſie; ainſi un Accuſé doit donner communication au Saint-Office de toutes les piéces qui peuvent ſervir au Promoteur Fiſcal pour fonder ſon accuſation. C'eſt l'avis de la plûpart des Docteurs. A plus forte raiſon chacun eſt-il obligé de fournir les piéces qui peuvent ſervir à convaincre une autre perſonne du crime d'héréſie. *Adnot. lib.* 3. *Schol.* 101.

CHAPITRE II.

DES TÉMOINS.

EN faveur de la foi on reçoit en témoignage dans les caufes d'héréfie.

1°. Les Excommuniés,

2°. Les complices de l'Accufé.

3°. Les infames & les perfonnes coupables de quelque crime que ce foit. *Direct. paffim.*

4°. Les hérétiques contre & jamais en faveur de l'Accufé. Cette loi paroît d'abord contraire à l'équité naturelle, en ce qu'elle ôte aux Accufés des moyens de prouver leur innocence, mais elle eft au fond très-raifonnable, puifqu'on ne peut pas croire à la parole de celui qui a violé la foi qu'il devoit au Seigneur, & qu'on ne fçauroit compter fur la fidélité du témoignage de celui qui eft infidele à Dieu.

Mais dira-t-on, pourquoi croire au témoignage de ce même hérétique, lorfqu'il dépofe contre un Accufé, fi l'on ne veut pas le croire, lorfque fa dépofition eft favorable, l'Accufé fur-

B vj

tout devant, selon une maxime reçue dans tous les Tribunaux, être supposé plutôt innocent que coupable.

La difficulté est pressante, mais voici je crois la réponse qu'on y peut faire. Lorsqu'un hérétique dépose en faveur d'un Accusé, on présume que c'est en haine de l'Eglise, & pour empêcher que les crimes commis contre la foi, ne soient punis comme ils méritent de l'être. Or cette présomption n'a plus lieu, lorsque ce même hérétique dépose contre l'Accusé. Personne que je sçache n'a encore donné cette raison que je crois neuve & décisive. *Direct. passim & adnot. lib. 3. Schol. 124.*

5°. On reçoit en témoignage les infideles quelconques & les Juifs, & cela non-seulement quand il est question de rechercher si l'Accusé est tombé dans l'infidélité ou a judaïsé, mais même pour constater des péchés commis contre des articles particuliers de la foi chrétienne. *Direct. adnotat. lib. 2. Sch. X.*

6°. Les parjures contre le même accusé dans la même cause, ainsi si un témoin vient de se parjurer, il peut corriger sa première déposition, & alors les Juges s'en tiendront à la seconde.

Cette loi est particuliere à la procédure contre les hérétiques ; car dans les Tribunaux séculiers, on s'en tient au premier témoignage. Cependant il faut remarquer que la seconde déposition ne doit l'emporter que lorsqu'elle charge l'Accusé, car si elle étoit à sa décharge, alors on s'en tient à la premiere ; ainsi si quelqu'un dépose d'abord qu'un tel a dit que le Purgatoire a été inventé par les Prêtres, & rétracte ensuite son accusation, le premier témoignage subsistera malgré la rétractation postérieure. Il est vrai cependant que la seconde déposition affoiblira un peu la premiere, & qu'on doit punir celui qui s'est ainsi rétracté comme faux témoin. Enfin il faut bien prendre garde qu'en ajoutant trop de foi à ces rétractations, le crime d'héréfie ne demeure impuni. *Direct. & adnot. lib. 3. Sch. 122.*

7°. Les témoins domestiques, c'est-à-dire, la femme, les enfans, les parens & les domestiques d'un Accusé, font reçus en témoignage contre lui, quoiqu'on ne les admette point à témoigner en sa faveur, ce que l'on a réglé ainsi, parce que de pareils témoignages ont beaucoup de force. *Direct. part. 3. quæst. 70.*

C'est l'opinion de tous les Canoniftes, qu'en matiere d'héréfie, le frere peut témoigner contre le frere, & le fils contre le pere. Le R. Q. Simaucas a voulu excepter les peres & les enfans de cette loi, mais on ne doit pas s'en tenir à fon fentiment, qui eft d'ailleurs combattu par de fortes raifons; la premiere, c'eft qu'il faut plutôt obéir à Dieu qu'à fes parens; la feconde, c'eft que s'il eft permis de tuer fon pere lorfqu'il eft ennemi de la patrie, à plus forte raifon peut-on le dénoncer lorfqu'il eft coupable d'héréfie. Au refte, le fils délateur de fon pere eft fouftrait aux peines portées par le droit contre les enfans des hérétiques, & cela pour récompenfe de fa délation. *In præmium delationis adnot. lib. 2. Sch. 12.*

Nous avons dit que les Témoins domeftiques, c'eft-à-dire, les parens, les amis & les domeftiques de l'Accufé font reçus à témoigner contre lui, mais non pas en fa faveur; la raifon de cette différence eft que d'une part on fuppofe qu'il n'y a que la force de la vérité qui puiffe arracher à des témoins de cette efpece une dépofition contraire à l'Accufé, & que de l'autre on peut croire que les liaifons qui uniffent les parens , le maître & les domeftiques , &c. les portent naturellement à mentir pour fauver le coupable , fi ce font fes enfans , par exemple , pour éviter l'infamie qui rejaillit fur eux de la condamnation de leur pere. Les dépofitions des témoins font auffi très-néceffaires , parce que le crime d'héréfie fe commet ordinairement dans le fecret des maifons. *Adnot. lib. 3 , fchol. 125.*

Lorfqu'un témoin fe préfente pour dépofer contre un Accufé , ou lorfqu'il eft cité pour cela , l'Inquifiteur l'examine & reçoit fes dépofitions , affifté d'un Greffier ou Notaire. Il le fait d'abord jurer de dire vérité , enfuite on lui demande s'il connoît l'Accufé , & depuis quand, fi l'Accufé eft regardé comme bon ou mauvais Catholique dans l'endroit où il fait fa réfidence ; s'il eft diffamé , comme ayant dit ou fait quelque chofe contre la foi ; fi le Dépofant a entendu ou vû l'Accufé dire ou faire quelque chofe contre la foi , en préfence de qui , & combien de fois ; fi ce qu'a dit ou fait l'Accufé , a été dit ou fait férieufement ou par plaifanterie, &c. Après quoi on enjoint le fecret au témoin. On appelle à cet examen des

témoins une ou deux perfonnes pruden-
tes, au moins vers la fin de l'examen,
ou même pendant tout l'examen, fi faire
fe peut, mais fouvent cela eft difficile à
l'Inquifiteur. *Direct. part.* 3, *p.* 228.

Deux témoins fuffifent, à la rigueur,
pour condamner définitivement en matiere d'héréfie ; cependant il nous paroît
plus équitable de ne regarder cette
preuve comme fuffifante, que lorfqu'elle
eft jointe à la mauvaife réputation de
l'Accufé ; cette indulgence eft d'autant
plus néceffaire, que dans la procédure
en matiere d'héréfie, on s'écarte des
pratiques reçues dans les autres Tribunaux, l'Accufé n'étant point confronté
avec les témoins, & ne les connoiffant
même pas, toutes chofes qu'on a reglé
en faveur de la foi. Or, comme l'Accufé ne peut pas deviner, & qu'il lui eft
plus difficile de fe défendre, l'Inquifiteur eft obligé d'examiner les témoins
avec plus de foin. *Direct. part.* 3, *quæft.*
71.

Ce que dit ici Eymeric, qu'il eft plus
équitable de ne pas condamner fur la
dépofition de deux feuls témoins, eft
affurément un fentiment bien doux ; car
les Loix & l'opinion commune de prefque tous les Doctes laiffent aux Inqui-

ſiteurs une entiere liberté de condamner un Accuſé ſeulement ſur le témoignage de deux témoins idoines; on ne voit pas en effet qu'il faille en matiere d'héréſie, donner atteinte à la maxime de l'Ecriture, *in ore duorum vel trium ſtabit omne verbum.* On ne peut pas dire que dans la procédure du Saint-Office, l'Accuſé n'ait pas toute la faculté de ſe défendre, qu'il peut demander, vu qu'on examine la cauſe avec tant de ſoin avant la condamnation. *Adnot. lib. 3 , ſchol.* 126.

On ne doit point publier les noms des témoins , ni les faire cônnoître à l'Accuſé, lorſqu'il y a danger pour les Accuſateurs, & il eſt très-rare que ce danger n'ait pas lieu. En effet, lorſque l'Accuſé n'eſt pas à craindre par ſes richeſſes, ou ſa nobleſſe, ou ſa famille , il l'eſt ſouvent par ſa propre méchanceté, ou par celle de ſes complices, qui étant quelquefois des gens déterminés, & n'ayant rien à perdre, ſont plus dangereux pour les témoins; c'eſt ce que l'expérience m'a appris. *Direct. part. 3 , quæſt. 75.* On a quelquefois moins à craindre, lorſque l'Accuſé ou ſes amis ſont des perſonnes nobles ou riches; un bon Marchand , par exemple, y regarde à deux fois avant de ſe vanger.

Lorſque tout danger ceſſe effectivement pour les Accuſateurs, on peut
faire connoître à l'Accuſé les témoins
qui ont dépoſé contre lui. *Direct. part. 3,*
p. 296.

C'eſt principalement en communiquant le Procès-verbal à l'Accuſé,
qu'on peut craindre qu'il ne découvre
quels ſont les témoins qui ont dépoſé
contre lui : voici les moyens dont on
peut ſe ſervir pour lui dérober cette
connoiſſance : 1°. on intervertira l'ordre ſelon lequel les noms ſont placés
dans l'original, en attribuant à l'un la
dépoſition de l'autre. 2°. On communi-
quera le Procès-verbal ſans noms d'Accuſateurs, & les noms des Accuſateurs
auſſi à part, auxquels on ajoûtera çà &
là d'autres noms étrangers de gens qui
n'ont jamais dépoſé contre l'Accuſé.

Ces deux moyens ſont dangereux
pour les Accuſateurs, & par cette raiſon
il ne faut s'en ſervir que rarement.

3°. On pourra lire le Procès-verbal à
l'Accuſé, en ſupprimant abſolument
les noms des dénonciateurs, & alors
c'eſt à l'Accuſé à conjecturer qui ſont
ceux qui ont formé contre lui telles &
telles accuſations, à les récuſer, ou à
infirmer leurs témoignages ; c'eſt la mé-

thode que l'on observe communément.
Direct. part. 3, *p.* 296 *&* 297.

Ces précautions , & de semblables ,
font nécessaires , parce que le capital
doit toujours être de mettre les témoins
à couvert , & il faut prendre pour cela
tous les moyens imaginables , parce
qu'autrement personne ne voudroit plus
faire de dénonciations , d'où il résulte-
roit de grands inconvéniens pour la
République chrétienne. La pratique des
Inquisitions d'Espagne à ce sujet peut
servir de modèle ; en communiquant
l'accusation , on y supprime toutes les
circonstances du tems , du lieu , des
personnes , & tout ce qui pourroit mettre l'Accusé sur la voie de découvrir
quels sont ses Accusateurs. *Adnot. lib.* 3 *;*
Schol. 36.

Quelques Auteurs ont pensé qu'on
pouvoit quelquefois confronter les
témoins à l'Accusé , lorsqu'il n'y avoit
pour ceux-là aucun risque à courir ; mais
l'opinion contraire est plus sûre , & doit
être suivie dans la pratique , hors de
certains cas tout-à-fait rares ; c'est l'esprit de l'excellente instruction à l'usage
des Inquisitions de Madrid , dont voici
les paroles : *Quoique dans les autres Tri-*
bunaux les Juges ayent coutume , pour dé-

couvrir la vérité, de confronter les témoins
à l'Accusé, cette méthode ne doit point être
employée & n'est point d'usage dans les
Tribunaux de l'Inquisition : outre que ces
confrontations sont opposées au secret inviolable sous lequel il faut cacher les noms
des témoins, on n'a jamais vu qu'elles
ayent produit de bons effets, & elles ont
même toujours entraîné de grands inconvéniens. *Adnot. lib.* 3 , Schol. XVIII.

En général on suppose toujours aujourd'hui qu'il y a danger pour les Accusateurs , & on cache absolument les
noms des témoins. *Adnot. lib.* 3 , *Sch.*
129.

Les témoins convaincus de faux sont
condamnés (seulement) à la prison
perpétuelle , (même lorsqu'ils ont soutenu leurs dépositions pendant tout le
cours de la procédure, & qu'ils n'ont
avoué leur crime qu'au moment où
l'Accusé alloit être livré à la Justice séculiere.) *Direct. part.* 3 , *p.* 338 &
339.

Plusieurs Auteurs veulent qu'on décerne contre les faux témoins la peine
du Talion , & prétendent que quoique
le Talion n'ait plus lieu pour les Accusateurs , il subsiste encore pour les témoins ; c'est l'opinion de Roïas , &

Simanas prétend même qu'il exiſte une Conſtitution du Pape Leon X. qui autoriſe les Inquiſiteurs à abandonner les faux témoins à la Juſtice ſéculiere.

Pour moi, comme je ne vois aucune diſpoſition du Droit ancien qui décerne la peine du Talion en pareil cas, je crois qu'on ne doit pas décider auſſi légerement qu'il faut l'employer ; les anciens Conciles de Narbonne, de Touloure, &c. qui ſont entrés dans les plus grands détails ſur cette matiere, ne font aucune mention de la peine du Talion ; le Concile de Bourges condamne les faux témoins à porter l'habit de pénitence avec des croix ; aucun des anciens Canoniſtes, au moins de ceux que j'ai lû, ne les condamne à la peine du Talion ; le Décret de Leon X. dont parle Simanas, n'eſt ni reçu ni obſervé ; la ſainte Inquiſition de Rome ne livre point les faux témoins à la Juſtice ſéculiere.

A la vérité, lorſque le faux témoin ayant accuſé une perſonne du crime formel d'héréſie, l'Accuſé, quoiqu'innocent, a été condamné & brûlé comme hérétique négatif & impénitent, ſi les Juges croyent qu'en un pareil cas les témoins doivent être punis de la peine du

Talion, ils n'ont qu'à consulter sur cela le Grand Inquisiteur. *Adnot. lib. 3, Sch. 128.*

Ajoutons que l'Inquisiteur peut décerner la question contre un témoin convaincu du crime de faux à son Tribunal. Quelques Canonistes lui refusent ce droit, mais il paroît être une suite des autres pouvoirs de l'Inquisiteur ; la question & même la punition des faux témoins devient partie du Procès ; d'ailleurs, le témoin lui-même est alors mis en cause par l'Inquisiteur. J'ai vû le cas arriver à Toulouse en 1312. Un pere ayant accusé son fils pardevant les Inquisiteurs, fut mis à la question & révoqua sa déposition. *Direct. part. 3 quæst. 73.*

CHAPITRE III.

De l'Interrogatoire de l'Accusé.

L'INQUISITEUR fera d'abord jurer l'Accusé sur l'Evangile de dire vérité sur tout ce dont on l'interrogera, & même sur son propre compte. On lui demandera ensuite quel est son nom, le lieu de sa naissance, dans quel endroit il a demeuré, &c. S'il a entendu parler de telle & telle matiere, (celle sur laquelle on l'a accusé d'hérésie) de la pauvreté de Jesus-Christ, par exemple, ou de la vision beatifique. S'il en a parlé lui-même, & ce qu'il en a dit, ce qu'il en croit, &c. Toutes ces réponses feront écrites, & on les lui fera signer. Un Inquisiteur habile s'en servira ensuite pour se faire des modèles de question pour les interrogatoires suivans. *Direct. part.* 3. pag. 286.

On doit demander aussi à l'Accusé s'il sçait pourquoi il a été pris, quelles sont les personnes qu'il soupçonne de l'avoir fait prendre, quel est son Confesseur, depuis quand il s'est confessé, &c. L'Inquisiteur doit bien prendre garde de fournir, par la manière dont lesdits interrogatoires seroient faits, de fournir, dis-je, à l'Accusé des échappatoires ; & pour éviter cet inconvénient, ses questions doivent être presque toujours vagues & générales. *Adnot. lib.* 3, *Schol.* 19. Dans l'interrogatoire de l'Accusé un Inquisiteur ne sçauroit employer trop de prudence, de circonspection & de fermeté. Les Hérétiques sont d'une adresse extrême à cacher leurs erreurs ; ils sçavent jouer la sainteté, & verser des larmes feintes, capables de toucher les Juges les plus impitoyables. Mais un Inquisiteur doit se défendre contre tous ces artifices, & supposer qu'on veut toujours le tromper. *Adnot. lib.* 3, *Sch.* 21.

Les Hérétiques ont dix manières de tromper les Inquisiteurs qui leur font subir l'interrogatoire.

Leur premier artifice est l'équivoque, comme quand on leur parle du vrai Corps de Jesus-C. ils répondent, de son Corps mystique ; ou si on leur demande si *cela est le Corps de Jesus-Christ*, ils répondent *oui*, en entendant par *cela* leur propre corps, ou une pierre voisine en ce sens, que tous les corps qui sont dans le monde sont à Dieu, & par conséquent

a

à Jésus - Christ qui est Dieu. Ou si on leur demande : *Croyez-vous que Jésus-Christ est né d'une Vierge?* Ils répondent : *fermement ;* entendant par-là la fermeté avec laquelle ils persistent dans leur hérésie.

Le second artifice qu'ils mettent en usage , est l'addition d'une condition qu'ils sous-entendent, la restriction mentale, comme quand on leur demande : *Croyez - vous la résurrection de la chair? Oui, s'il plaît à Dieu ,* répondent - ils, entendant qu'il ne plaît pas à Dieu qu'ils croient ce mystère.

Leur troisième méthode est de rétorquer l'interrogation ; ainsi , si on leur demande: *Croyez-vous que l'usure soit un péché ?* Ils répondent, *& qu'en croyez-vous vous - même ?* On leur dit : *Nous croyons avec tous les Catholiques , que l'usure est un péché.* Alors ils ajoutent : *Nous le croyons aussi.* Sous-entendez *que vous le croyez.*

Leur quatrième méthode est de répondre par admiration. Ainsi, si on leur demande : *Croyez-vous que Jésus-Christ se soit incarné dans le sein d'une Verge?* Ils répondent, *Oh , mon Dieu! pourquoi me faites-vous de semblables questions ? Me prenez - vous pour un Juif? Je suis Chré-*

C

tien, je crois tout ce qu'un bon Chrétien doit croire ; entendant qu'un bon Chrétien ne doit pas croire cela.

En cinquième lieu, ils emploient fréquemment la tergiversation, en répondant sur ce dont on ne les interroge point, & en ne repondant pas sur ce dont on les interroge.

Leur sixième subterfuge est de détourner le discours ; ainsi, si on leur demande : *Croyez-vous que Jesus-Christ étoit encore vivant lorsqu'il fut percé d'une lance sur la Croix ?* Ils répondent ; *J'entends dire, qu'on fait de cela aujourd'hui une grande question, comme encore de la vision béatifique : hélas, Messieurs, vous mettez tout le monde en l'air pour ces contestations ; pour Dieu, dites-nous ce qu'il en faut croire, car je ne voudrois pas errer dans la Foi.*

En septième lieu, ils se rejettent quelquefois à faire leur apologie ; ainsi si on les interroge sur quelque point de Foi, ils répondent : *Oh mon Pere, je suis un homme simple & peu instruit ; je sers Dieu dans la simplicité, j'ignore les subtilités sur lesquelles vous m'interrogez ; vous me feriez tomber facilement dans quelque piége, & je pourrois être induit en quelque erreur ; au nom de Dieu ne me faites pas de pareilles questions.*

8°. Les Hérétiques emploient fouvent un autre artifice ; ils feignent de fe trouver mal, lorfqu'ils fe voient un peu preffés par les interrogatoires ; fi on les en croit, ils ont la tête accablée, & ne peuvent plus fe foutenir fur leurs jambes, ils demandent qu'on les renvoie ; ils vont fe mettre au lit, & fongent en attendant à ce qu'ils répondront. Ils emploient fur-tout cette rufe, lorfqu'ils voient qu'on va les mettre à la queftion, ils difent qu'ils font bien foibles, & qu'ils mourront dans les tourmens, & les femmes feignent d'être fujettes aux accidens particuliers à leur fexe, pour retarder ainfi la queftion, *& tromper les Inquifiteurs.*

9°. Une autre rufe qu'ils emploient eft de contrefaire les infenfés.

10°. Enfin, on peut compter parmi les artifices des Hérétiques l'affectation de modeftie qu'ils ont dans leurs habillemens, fur leur vifage, & dans toute leur manière de vivre. *Direct. part.* 3, pag. 289, 290, 291.

A ces rufes, il faut que l'Inquifiteur en oppofe d'autres, afin de payer les Hérétiques de la même monnoye (*ut clavum clavo retundat*) & afin de pouvoir leur dire enfuite avec l'Apôtre :

Comme j'étois fin, je vous ai pris par finesse : *cum essem astutus dolo vos cœpi ad Corinth. 2 cap. 12.* Or voici les principales ruses que l'Inquisiteur pourra employer contre les ruses des Hérétiques.

1°. Il doit les forcer par des interrogations répétées, à répondre nettement & précisément aux questions qu'on leur fait. *Direct. part. 3, part. 291.*

2°. Si l'on présume qu'un Accusé, qu'on vient de saisir, soit dans la résolution de cacher son crime (ce qu'il est aisé de découvrir avant l'interrogatoire, soit par les Geoliers, soit par des émissaires qui sonderont l'Accusé,) alors il faudra que l'Inquisiteur parle à l'Hérétique avec beaucoup de douceur, lui donne à entendre qu'il sçait déja tout, & lui tienne ce discours, ou un semblable : *Voyez, mon enfant, j'ai pitié de vous ; on a séduit votre simplicité, vous vous perdez brutalement ; quoique vous soyez criminel, celui qui vous a instruit, l'est encore plus que vous : ne vous rendez pas coupable du péché d'autrui, & ne vous donnez pas pour maître, après avoir été disciple ; confessez-moi la vérité ; car, comme vous le verrez, je sçais tout ; mais pour conserver votre réputation, & afin que je puiffe vous rendre libre bientôt, & vous faire grace, & que vous puiffiez retourner en paix dans votre maifon, dites-moi quel eft celui qui vous a corrompu ? Vous qui viviez dans l'innocence !* L'Inquifiteur doit lui tenir de femblables difcours, & lui donner de belles paroles, *bona verba,* toujours fans fe troubler, en fuppofant que le fait eft vrai, & en n'interrogeant l'Accufé que fur les circonftances. *Direct. part. 3,* pag. 292.

Le R. P. Ivonet fournit un autre modèle de difcours qu'on peut tenir à l'Hérétique qui eft dans la difpofition de cacher fon crime : *Ne craignez pas,* dit l'Inquifiteur, *d'avouer tout. Vous aurez regardé les Hérétiques qui vous ont féduit, comme de bonnes gens, vous penfiez bien fur leur compte, vous vous êtes conduit avec fimplicité : il pourroit arriver à des gens plus fages que vous d'être trompés de la forte.* Adnot lib. 3. Schol. XXVII.

3°. Si un Hérétique, contre lequel les témoignages n'ont pas fourni une entiere conviction, quoiqu'il y ait de forts indices, continue de nier, l'Inquifiteur le fera comparoître, lui fera des interrogations au hafard ; & lorfque l'Accufé aura nié quelque fait, (*quando negat hoc vel illud*) il prendra

entre fes mains le Procès-verbal dans
lequel les interrogatoires précédents
font compris, les feuilletera, & dira :
*Il eft clair que vous me cachez la vérité,
ceffez d'ufer de diffimulation.* Enforte que
l'Accufé croie qu'il eft convaincu, &
que le Procès-verbal fournit des preuves contre lui (*Sic ut ille credat fe con-
victum effe, & fic apparere in proceffu.*)

L'Inquifiteur peut encore tenir entre
les mains un écrit, & quand l'Accufé
niera quelque fait, il fera l'étonné, &
dira : *Comment pouvez-vous nier une chofe
pareille ? Cela n'eft-il pas clair ?* Enfuite
il lira dans fon papier, il y fera les
changemens néceffaires, & il ajoutera:
Eh bien je difois vrai, avouez-le donc ?
(*Teneat in manum meam cedulam..... &
quafi admirans dicat ei quomodo he potes
negare, nonne clarum eft mihi, &tunc legat
in cedulâ fuâ & pervertat eam & legat, &
poft dicat, &c.*)

Il faut, au refte, qu'en cela l'Inquifiteur prenne garde de defcendre dans des
détails que l'Accufé pourroit voir qu'il
ignore ; il doit s'en tenir aux termes
généraux. *Direct. part. 3. pag.* 292.

4°. Si l'Accufé s'obftine à nier fon
crime, l'Inquifiteur lui dira, qu'il va
inceffamment partir pour aller plus loin,

& qu'il ne fçait pas quand il reviendra, qu'il eft bien fâché de fe voir obligé de le laiffer pourrir dans les prifons, qu'il auroit fouhaité de tirer la vérité de fa bouche, pour pouvoir l'expédier & terminer fon procès ; mais que puifqu'il s'obftine à ne vouloir rien avouer, il va le laiffer aux fers jufqu'à fon retour ; qu'il eft touché de compaffion pour lui, vu qu'il eft délicat, qu'il tombera infailliblement malade. &c. (*Ego compatiebar tibi, & volebam quod mihi diceres veritatem ut expedirem te, quia delicatus es, & poffes leviter incurrere in ægritudinem .... nunc autem, cum difplicentiâ ego habeo te in carcere dimittere compeditum ufque ad regreffum meum & difplicet mihi quia nefcio quando regrediar,* &c. Ibid. *p.* 292.

5°. Si l'Accufé continue de nier, l'Inquifiteur multipliera les interrogatoires & les interrogations ; alors ou l'Accufé avouera, ou il variera dans fa réponfe ; s'il varie, c'en eft affez pour lui faire donner la queftion, avec les autres indices & l'avis des gens habiles, on l'y fera appliquer pour tirer la vérité de fa bouche ; cependant on ne multipliera les interrogations que lorfque l'Acufé montrera une grande opiniâtreté ; car à des interrogatoires fréquens fur la même matiere & en différens tems , il eft extrêmément facile de varier dans fes réponfes , & il n'y a perfonne qui ne pût y être furpris. *Ibidem.* p. 292.

6°. L'Accufé perfiftant toujours dans la négative , l'Inquifiteur pourra lui parler doucement, le traiter avec un peu plus d'attention pour le boire & le manger ; faire enforte que des gens de bien aillent le voir, s'entretiennent avec lui, lui infpirent quelque confiance en eux, lui confeillent d'avouer , en lui promettant que l'Inquifiteur lui fera grace , & en fe rendant médiateurs entre lui & l'Accufé : l'Inquifiteur pourra , fur la fin , promettre lui-même à l'Accufé de lui faire grace , & la lui faire en effet, (car tout eft grace dans ce qui fe fait pour la converfion des Hérétiques ; les pénitences font des faveurs & des remédes) & lorfque l'Accufé avouant fon crime, demandera fa grace , on lui répondra en termes généraux qu'on fera encore plus pour lui qu'il ne pourroit demander , enforte qu'on découvre la vérité & que l'Hérétique foit converti, &c. *Ibid.* pag. 292 , & 293. & qu'on fauve au moins fon ame. *Adnot. lib.* 3, *Sch.* 29.

Sur cette promeſſe que l'Inquiſiteur fait au coupable d'uſer de miſéricorde envers lui, & de lui faire grace s'il veut avouer ſon crime, on peut demander, 1°. Si l'Inquiſiteur peut employer licitement cette ruſe pour découvrir la vérité? 2°. Lorſqu'il a fait une ſemblable promeſſe, s'il eſt obligé de la tenir?

Le Docteur Jerôme Cuchalon décide la premiere queſtion, en approuvant cette diſſimulation de la part de l'Inquiſiteur; & il la juſtifie par l'exemple de Salomon jugeant les deux femmes. Quoiqu'une pareille feinte ſoit déſaprouvée par Julius Clarus & d'autres Juriſconſultes en matiere civile, je penſe qu'on peut l'employer dans les Tribunaux de l'Inquiſition. La raiſon de cette différence eſt que l'Inquiſiteur a un pouvoir bien plus ample que les autres Juges, puiſqu'il peut relâcher à ſa volonté des peines pénitentielles & canoniques. Ainſi, pourvu qu'il ne promette pas au coupable, l'impunité abſolue, il peut toujours lui promettre qu'il lui fera grace, & remplir ſa promeſſe en diminuant quelque choſe de ces mêmes peines canoniques, qui dépendent entièrement de lui.

C v

Quant à la feconde queftion, il y a deux fentimens oppofés. Plufieurs Docteurs très-graves, penfent que, même après avoir promis l'impunité au coupable, l'Inquifiteur n'eft point obligé de garder fa promeffe, parce que cette fraude eft bonne & utile au bien public, & que s'il eft permis de tirer la vérité de la bouche d'un Accufé, par les tourmens, à plus forte raifon, peut-on fe fervir pour cela de diffimulation & de menfonges, *verbis fictis.* C'eft le fentiment de Præpofitus, de Geminianus, de Felyn, d'Hugutius, d'Archidiaconus, de Soto, de Cynus, &c.

Il eft vrai que quelques autres font d'avis contraire ; mais on peut accorder ces deux opinions, en difant que quelques promeffes que faffent les Inquifiteurs, elles ne doivent s'entendre que des peines de la rigueur defquelles ils peuvent relâcher, c'eft-à-dire des peines canoniques & pénitentiales, & non pas des peines de droit ; & même quelque petite que foit la rémiffion de la peine canonique que l'Inquifiteur accordera à l'Accufé, il aura toujours accompli fa promeffe. Cependant, pour plus grande fûreté de confcience, les Inquifiteurs ne doivent faire de promeffes qu'en termes fort généraux, &

ne jamais promettre que ce qu'ils peuvent tenir. *Adnot. lib. 3. Sch.* XXIX.

7°. Une autre rufe de l'Inquifiteur fera d'avoir quelque complice de l'Accufé, ou une perfonne qui lui fera agréable, & en qui l'on puiffe fe fier, d'engager cette perfonne à parler fouvent au Prifonnier, & à en tirer fon fecret.... S'il en eft befoin, cette perfonne feindra d'être de la fecte de l'Hérétique, d'avoir abjuré par crainte, & d'avoir tout déclaré à l'Inquifiteur : & lorfque l'Hérétique aura pris quelque confiance, un foir cet efpion pouffera la converfation un peu avant dans la nuit, dira qu'il eft trop tard pour qu'il fe retire, & reftera dans la prifon ; alors on apoftera, dans un lieu commode, des Gens qui puiffent entendre leur converfation ; & s'il fe peut, un Greffier pour recueillir les aveux de l'Hérétique que l'homme en queftion engagera à raconter tout ce qu'il a fait. *Direct. part. 3.* pag. 293.

Il faut remarquer que celui qu'on envoye à l'Accufé pour tirer de lui, fous le femblant de l'amitié, la confeffion de fon crime, peut bien feindre qu'il eft de la fecte de l'Accufé, mais non pas le dire ; parce qu'en le difant,

il commettroit au moins un péché véniel , & on fçait qu'il n'en faut point
commettre pour quelque raifon que ce
puiffe être.

(*a*) En un mot , il ne faut employer
que les fineffes qui n'emportent avec
elles aucune apparence de menfonge.

Si par ces moyens ou quelqu'autre ,
l'Inquifiteur parvient à faire avouer
quelque chofe à l'Accufé , il faut qu'il
fe donne bien de garde d'interrompre
l'interrogatoire , & il ne faut pas qu'il
s'embarraffe de reculer fon dîner ou fon
fouper , ou de s'en paffer tout-à-fait ,
parce que ces confeffions coupées ne
fuffifent jamais pour découvrir la vérité ;
& parce qu'on voit fouvent des Accufés , après avoir commencé d'avouer ,
nier à l'interrogatoire fuivant , & revenir à leur vomiffement.

Telles font , les rufes ou adreffes
qu'employeront les Inquifiteurs pour
tirer la vérité de la bouche des Hérétiques , *gratiofè* (*b*) & fans avoir recours
aux tourmens & à la queftion. *Ib*. p. 293.

(*a*) Il eft difficile de bien déterminer la différence qu'il y a pour l'efpion dont il s'agît , entre
feindre qu'il eft de la feéte de l'Accufé , & le
dire.

(*b*) *Gratiosè* eft embarraffant à traduire.

Enfin, on peut tirer de toutes les obfervations précédentes, cette régle générale : que les Inquifiteurs doivent mettre en ufage, la prudence la plus foutenue pour découvrir la vérité, & varier leur conduite felon la différence des feétes & des perfonnes aufquelles auront affaire, & des autres circonftances ; car, comme dit très - élégamment & très-fagement Ovide, dans fon Livre des remedes d'amour :

Sed quoniam variant, animi variabimus
& nos,

Mille mali fpecies mille falutis erunt.
Adnot. lib. 3. Schol. XXIII.

On nous oppofera peut-être l'autorité d'Ariftote, qui dans le fein du Paganifme, a condamné toute efpece de diffimulation, & celle des Jurifconfultes qui défapprouvent les artifices dont les Juges peuvent fe fervir pour tirer la vérité de la bouche des criminels ; mais il y a deux efpeces d'adreffes, les unes dirigées à une mauvaife fin, qu'on ne doit pas fe permettre ; & les autres louables &

judiciaires , pour découvrir la vérité ,
& celles-ci ne fçauroient être blâmées.
Adnot. lib. 3 , Sch. XXVI.

Les proteftations que font les Accufés de croire tout ce que croit l'Eglife ,
ne doivent pas les excufer d'héréfie aux
yeux des Inquifiteurs lorfqu'il eft queftion des dogmes que chaque Fidèle eft
tenu de croire explicitement. Dans les
autres Dogmes , pour que la proteſtation foit de quelqu'utilité à l'Accufé ,
il faut qu'après les avertiffemens de
l'Inquifiteur il abandonne fes erreurs ,
autrement il devient hérétique , &
même hérétique obſtiné & impénitent.
Quelques Auteurs ont prétendu que les
avertiffemens du feul Inquifiteur ne
fuffifoient pas pour cela ; mais le fentiment du plus grand nombre & le feul
qui puiſſe être fuivi , eſt que toutes les
fois que l'Inquifiteur , agiffant comme
Juge , avertit l'Accufé que telle & telle
opinion eſt hérétique , même lorfqu'il
s'agit d'une opinion qui n'a pas été ou-
vertement condamnée , l'Accufé eſt
obligé de l'abandonner , fous peine
d'être regardé comme hérétique ob-
ſtiné. *Direct. part.* 1 , *quæſt.* 12 , *Adnot.*
lib. 1 , *Schol.* 23.

CHAPITRE IV.

Des défenfes de l'Accufé.

LORSQU'UN Accufé confeffe le crime pour lequel il eft mis à l'Inquifition, il eft inutile de lui accorder des défenfes, quoique dans les autres Tribunaux l'aveu du criminel foit infuffifant, à moins qu'il n'y ait d'ailleurs un corps de délit bien conftaté en matiere d'héréfie. D'après la feule confeffion du coupable, on peut procéder à la condamnation ; parce que l'héréfie étant un crime de l'efprit, ne peut fouvent fe prouver autrement que par l'aveu du criminel. *Direct. p. 3 , p. 295 , Adnot. lib. 3 , Sch. 34.*

Quoique cette maxime foit inconteftable, comme les défenfes de l'Accufé femblent être de droit naturel, on doit encore laiffer au criminel la liberté d'employer celles qui font légitimes & de droit.

Les principales font l'intervention d'un Avocat que l'Accufé puiffe confulter ; la récufation des témoins, lorfqu'il parvient à deviner qui font ceux qui ont dépofé contrelui; la récufation de l'Inquifiteur & l'appel.

On ne donne d'Avocat à l'Accufé que lorfqu'il nie les crimes dont on l'accufe, & cela après avoir été averti par trois fois de confeffer la vérité. L'Avocat doit être plein de probité, fçavant & zèlateur de la Foi. Il eft nommé par l'Inquifiteur ; on lui fait jurer qu'il défendra l'Accufé avec équité & avec fidelité, & qu'il obfervera un fecret inviolable fur tout ce qu'il verra & ce qu'il entendra. Son principal foin fera d'exhorter l'Accufé à confeffer la vérité & à demander pardon de fon crime s'il eft coupable. L'Accufé fera fa réponfe de vive voix ou par écrit, de concert avec fon Avocat, & cette réponfe fera communiquée au Fifcal du Saint-Office. Au refte, cette communication de l'Accufé & de fon Avocat fe fera en préfence de l'Inquifiteur. *Adnot. lib. 3 , Sch. 34.*

J'ai entendu quelquefois douter, fi lorfque l'Accufé demande un autre Avocat que celui qui exerce ordinairement cet emploi au Tribunal du S. Office, l'Inquifiteur peut lui accorder fa demande. Il nous paroît que l'Inquifiteur a ce droit en vertu de l'étendue des pouvoirs de fa Charge , & que les Loix ne le lui refufent point ; il doit en ufer furtout lorfque l'Avocat ordinaire eft ennemi ou parent de l'Accufé. *Adnot. lib. 3 , Sch. 34.*

Par le ch. *fi adverfus* des Décretales de Grégoire IX. tit. *de hæreticis ,* & par d'autres difpofitions du Droit Canonique , il eft défendu à tous Avocats , Notaires , &c. de prêter leur miniftere aux Hérétiques. Les Auteurs ne font pas bien d'accord fur l'interprétation de ces Loix. Voici ce qu'il y a d'inconteftable. Il n'eft permis de plaider en aucune maniere ni en quelque caufe que ce foit pour un Hérétique connu certainement pour tel. Mais fi le crime d'héréfie eft encore douteux , comme lorfque l'Accufé n'a pas été encore convaincu par des témoins ou d'autres preuves légitimes , l'Avocat peut alors exercer pour lui fon miniftere fous l'autorité & avec la permiffion de l'Inquifiteur après avoir prêté ferment d'abandonner la Caufe auffi-tôt qu'il fera prouvé que le Client eft Hérétique; c'eft la louable Coutume de toutes les Inquifitions. *Adnot. lib. 2 , Sch. VII.*

Il ne faut pas que les Accuſés s'imaginent qu'on admettra facilement la récuſation des témoins en matiere d'héréſie ; car il n'importe (*non refert*) que les témoins ſoyent gens de bien, ou infames, complices du même crime, excommuniés, hérétiques, ou coupables en quelque maniere que ce ſoit, ou parjures, &c. C'eſt ce qui a'été reglé en faveur de la Foi. *In fidei favorem.* *Direct. part. 3 , p. 296.*

La ſeule cauſe légitime de récuſation des témoins, eſt l'inimitié capitale. Or par l'inimitié capitale, il ne faut entendre que celle qui s'eſt montrée par des attentats ſur la vie, comme les bleſſures graves, dont la mort pouvoit être la ſuite. Les autres inimitiés affoibliſſent un peu le témoignage, *debititam aliqualiter*, mais ne ſuffiſent pas pour fonder une récuſation légitime. *Direct. ubi ſupra.* (*a*)

Lorſque les noms des témoins n'ont pas été communiqués à l'Accuſé, l'Inquiſiteur doit ſe charger lui-même d'examiner avec ſoin , ſi les témoins ſont véritablement ennemis capitaux de

---

(*a*) Le Commentateur Pegua n'explique pas l'inimitié capitale d'une maniere auſſi ſtricte.

l'Accufé ; parce que celui-ci , ne fça-
chant précifément quels font fes Accu-
fateurs , ne peut fe défendre que d'une
maniere bien vague , & qu'après tout
il n'eft pas devin. *Direct. part. 3 , pag.*
296.

Comme les Accufés récufent quelquefois les témoins , fous le faux prétexte de cette inimitié capitale ; voici
quelques moyens de les empêcher
d'employer cette défenfe , fans de légitimes raifons.

1°. On peut demander à l'Accufé ,
avant de lui communiquer le Procès-
verbal , s'il n'a point d'ennemis capitaux qui ayent pû dépofer contre lui
par haine & par méchanceté , & quels
ils font ; après cela il ne peut récufer
que ceux qu'il a nommés.

2°. On peut auffi lui demander avant
la communication du Procès-verbal, *con-
noiffez-vous un tel & un tel ?* (Ceux qui
ont dépofé contre lui les chofes les
plus graves.) S'il répond , *non* , il ne
peut plus les récufer comme fes ennemis capitaux. S'il répond , *oui* , on lui
demande s'il fçait que cet homme ait
tenu des propos contre la Foi , & quels ?
S'il répond qu'il lui en a entendu tenir ,
(ce qui doit arriver fouvent , parce

que les coupables croyent par-là infirmer le témoignage de leurs Accufa-
teurs). On lui demandera fi cet homme
eft fon ami ou fon ennemi ? Alors l'Accufé , pour appuyer ce qu'il vient de
dire , répondra que cet homme n'eft
pas fon ennemi , & dèflors il ne pourra
plus le récufer. Au cas qu'il dife qu'il
n'a rien entendu dire à cet homme
contre la Foi ; on lui demandera auffi
s'il y a quelqu'inimitié entr'eux , &
felon fa réponfe , on admettra ou re-
jettera la récufation. Cependant ces
deux artifices doivent être employés
avec quelque réferve , parce que l'Accufé ainfi interrogé à l'improvifte , peut
fort aifément fe nuire à lui-même fans
être coupable. *Direct. p. 297 & 298.*

Il faut cependant remarquer qu'en
certain cas l'inimitié même capitale
n'empêche pas la validité du témoignage. Il y a des gens qui lorfqu'ils ont
commis quelque crime contre la Foi &
qu'ils fçavent que quelqu'un peut rendre témoignage contre eux , font affez
méchans pour chercher querelle de
propos délibéré à celui qui peut les
accufer , & le maltraitent pour pouvoir le récufer enfuite fous prétexte
d'inimitié capitale. Or comme la fraude

ne doit jamais être utile à fon Auteur, une inimitié capitale de cette efpece n'eft pas un motif légitime de récufation. *Adnot. lib.* 3 , *fch.* 123.

Paffons maintenant à la récufation du Juge. Regle générale , on ne peut récufer un Inquifiteur que pour raifon d''nimitié capitale ou tout-à-fait grave. *Adnot. lib.* 3 , *Sch.* 38.

Dans le cas de récufation , l'Inquifiteur choifira un arbitre , homme de bien , & l'Accufé un autre : S'ils font d'accord , la récufation aura fon effet ; s'ils font d'avis oppofé , ils choifiront un troifiéme arbitre , dont l'avis décidera de la nullité , ou de la légitimitité de la récufation. *Direct. part.* 3 , *p.* 298 & 299.

Quoique la récufation des Juges , tant délégués qu'ordinaires , ait lieu dans les caufes civiles & criminelles , cependant de célebres Auteurs prétendent que les Inquifiteurs ne peuvent être récufés comme fufpects , parce qu'on doit toujours fuppofer qu'on ne choifit pour remplir cette grande fonction que des hommes très-juftes , très-prudens , & au-deffus de toute efpece de foupçon ; c'eft le fentiment d'Archidiaconus, de Ripa , de Roïas & de Bernardus.

Comenfis ; ce dernier même ajoûte dans *fa Lanterne des Inquifiteurs*, au mot *Ré-cufation*, que là récufation n'a prefque jamais lieu dans les Tribunaux du Saint-Office.

Quoique ce fentiment foit plus con-forme à l'opinion avantageufe qu'on doit avoir de la probité des Inquifiteurs, l'opinion contraire eft cependant plus fûre, & doit être admife, parce qu'elle éloigne mieux tout foupçon d'injuftice de ce faint Tribunal. *Adnot. lib. 3, Sch.* 38.

L'Inquifiteur a deux moyens de ren-dre nulle la récufation que l'Accufé fait de lui.

D'abord, s'il préfume que l'Accufé veuille le récufer, il faut, avant que la récufation lui foit fignifiée, qu'il donne tous fes pouvoirs à une autre perfonne qui jugera l'Accufé par commiffion ; de ce moment l'Inquifiteur lui-même ne pourra pas être récufé, non plus que le Commiffaire à qui il aura donné fes pou-voirs.

En fecond lieu, lorfqu'une récufa-tion fera préfentée à l'Inquifiteur, & qu'elle fera fondée fur de bonnes rai-fons, comme, par exemple, fur ce qu'il auroit refufé à l'Accufé les défenfes de

droit, ou abuſé de quelqu'autre maniere de ſon miniſtere, il faudra que
l'Inquiſiteur corrige les fautes qu'il aura
faites, & remette le Procès dans l'état
où il étoit avant le moment auquel il a
donné lieu à la récuſation par le vice de
ſa procédure ; alors il dira à l'Accuſé :
Je remets le Procès à l'état où il étoit lorſ-
que vous avez cru devoir former votre récu-
ſation, & je vous accorde les défenſes de
droit, &c. ainſi votre récuſation devient
nulle. Direct. part. 3 , p. 298.

Quant à l'appel que l'Accuſé fait de
l'Inquiſiteur au ſouverain Pontife, voici quelques obſervations importantes.

1°. Toutes les Loix décident que le
bénéfice de l'appel eſt abſolument in-
terdit aux hérétiques, c'eſt la Loi de
l'Empereur Frédéric, & le Concile de
Conſtance l'a ſuivie en rejettant comme
vain & illuſoire l'appel interjetté par
Jean Hus. Cependant il y a des cas où
l'appel de l'Accuſé eſt autoriſé par les
Loix même ; mais cette oppoſition ſe
concilie facilement. Les hérétiques ne
peuvent jamais appeller de la Sentence définitive, parce que l'appel a été
établi en faveur de l'innocence, & non
pas pour ſervir de défenſe au crime; or
il eſt manifeſte qu'on ne condamne ja-

mais perſonne comme coupable d'héréſie par une Sentence définitive , qu'il
n'ait avoué, ou qu'il ne ſoit légitimement convaincu.

D'ailleurs , on a été obligé de rejetter
tout appel de la Sentence définitive , en
faveur de la foi , en haine des hérétiques,
& pour empêcher que les Jugemens ne
traînent en longueur ; enfin il feroit in-
décent qu'une Sentence portée après un
long examen & une mure délibération ,
pût être ainſi infirmée par des calom-
nies injuſtes.

. Mais les Accuſés peuvent appeller
des Sentences interlocutoires, lorſqu'ils
s'apperçoivent qu'on s'écarte envers
eux des régles de l'équité ; c'eſt ce que
diſent très-bien Eymeric, *Direct. part.* 3,
quæſt. 117. Zanchinus , Simancas , Squil-
lacenſis , &c. *Adnot. lib.* 3 , *Sch.* 39.

2°. L'appel qu'un Accuſé fait de l'Inquiſiteur , n'empêche pas celui-ci de demeurer Juge contre lui ſur d'autres
chefs d'accuſation. *Direct. part.* 3 , *p.*
302.

Ainſi , ſi un Accuſé , après ſon appel
interjetté eſt dénoncé à l'Inquiſiteur ,
comme coupable d'autres héréſies , l'Inquiſiteur peut proceder contre lui ſur
ces nouveaux chefs , nonobſtant l'ap-
pellation.

pellation. *Adnot. lib. 3 , Sch.* 42.

3°. L'appel que l'Accufé fait de l'Inquifiteur peut être tantôt fans fondement légitime , & tantôt appuyé fur de juftes motifs.

Dans le premier cas, l'Inquifiteur , après avoir accordé un délai à l'Accufé , ce délai expiré lui fignifiera que fon appel eft mis à néant, & détruira dans fa réponfe, qui fera communiquée par écrit, les prétextes fur lefquels l'Accufé aura fondé fon appel.

Dans le deuxiéme cas, c'eft-à-dire lorfque la récufation eft fondée fur de juftes motifs, l'Inquifiteur fera droit fur l'appel de l'Accufé dans un écrit conçu de la maniere fuivante.

Nous Inquifiteur , répondant à l'appel interjetté (fi cependant votre démarche mérite le nom d'appel légitime.) Difons & déclarons que nous avons procédé envers vous felon les regles du droit Ici l'Inquifiteur détruira les raifons de l'Accufé, le moins mal qu'il lui fera poffible. *D'où il fuit, que notre procédure eft réguliere, que nous ne vous avons point donné de juftes raifons d'en appeller. Votre appel eft donc nul & frivole, vous n'y avez recours que pour éviter votre jufte condamnation, & nous ne fommes*

D

pas tenus d'y avoir aucun égard ; cependant par respect pour le Siége Apostolique, nous le recevons & nous vous assignons, tant de tems, pendant lequel vous serez conduit à Rome, sous bonne & sûre garde, & les piéces de votre procès remises à qui il appartiendra, &c.

Je conseille aux Inquisiteurs de ne point aller eux-mêmes à Rome suivre les causes dans lesquelles on a interjetté appel ; car ces voyages leur coûteront beaucoup d'argent & de fatigue, & leur causeront souvent beaucoup de chagrin. Que s'il arrive qu'ils soient cités en personne à la requisition des Accusés, qu'ils fassent tout ce qu'ils pourront pour ne point entrer en cause, & pour réduire toute la procédure à la discussion des piéces du procès. Au reste, les citations des Inquisiteurs à la Cour de Rome, entraînent les plus grands inconvéniens pour la République Chrétienne. Pendant leur absence, leurs Commissaires ne suivent pas les causes avec la même vigueur, on ne les craint pas autant que les Inquisiteurs, l'audace des hérétiques augmente, & les Inquisiteurs eux-mêmes, voyant que leur zèle pour la foi, les a exposés à beaucoup de chagrins, se relâchent de

leur rigueur dans la pourfuite de l'héréfie.. *Direct. 3. part.* pag. 301. 302.
303.

Ces inconvéniens ont déterminé les
Souverains Pontifes à fupprimer les citations perfonnelles des Inquifiteurs , &
à attribuer la connoiffance des appels
interjettés dans les inquifitions particulieres aux Inquifiteurs généraux établis dans les différens Royaumes , c'eft
ainfi que dans toute l'Efpagne on appelle à l'Inquifiteur général , & celui-
ci décide avec fon Confeil. *Adnot. lib.
3. Scho.* 42.

D ij

___

CHAPITRE V.

DE LA TORTURE.

ON donne la torture à l'Accufé pour lui faire avouer fon crime.

Voici les regles qu'on doit fuivre pour décerner la queftion.

On applique à la queftion 1°. un Accufé qui varie dans fes réponfes fur des circonftances en niant le fait principal.

2°. Celui qui ayant la réputation d'être hérétique, & fa diffamation étant prouvée, a contre lui un témoin (même unique) qui dépofe de l'avoir entendu dire ou faire quelque chofe contre la foi, parce qu'alors ce témoin & la mauvaife réputation de l'Accufé font une femi-preuve & forment deux indices qui fuffifent pour décerner la queftion.

3°. Si au lieu du témoin qu'on vient de fuppofer il fe joint à la diffamation d'héréfie plufieurs autres indices vehemens ou même un feul, on doit encore donner la queftion.

4°. Même lorfqu'il n'y a pas diffamation d'héréfie, un feul témoin qui a vu ou entendu faire ou dire quelque chofe contre la foi & d'autres parts, un ou plufieurs indices véhémens fuffifent pour décerner la queftion.

En général des chofes fuivantes, un témoin de fcience certaine, la mauvaife réputation en matiere de foi, un indice véhément, une feule ne fuffit pas, & deux enfemble font néceffaires & fuffifans pour ordonner la queftion. *Direct. part. 3, quæft. 42. Adnot. lib. 3, fch. 118.*

Il y a cependant une exception à faire à ce que nous venons de dire que la mauvaife réputation ne fuffit pas feule pour décerner la queftion, & c'eft 1°. lorfqu'à la mauvaife réputation font jointes de mauvaifes mœurs : car les gens de mauvaifes mœurs tombent facilement dans l'héréfie & furtout dans les erreurs qui autorifent leur vie criminelle. C'eft ainfi, par exemple, que ceux qui font très-incontinens & qui ont un grand penchant pour les femmes fe perfuadent aifément que la fimple fornication n'eft pas un péché. 2°. Lorfque l'Accufé s'eft enfui, cet indice joint à la mauvaife réputation, fuffit encore pour décerner la queftion. *Adnot. lib. 3. fect. 118.*

Il y a des cas où les indices ne fuffifent pas pour enjoindre la purgation canonique ou l'abjuration (*a*) , tandis qu'ils font fuffifans pour décerner la queſtion. La raiſon de cela eſt que la purgation & l'abjuration font des peines très-graves, à raiſon du danger que courent ceux qui y ont été foumis d'être livrés au bras féculier à la premiere faute qui eſt regardée comme une rechute. La queſtion au contraire n'eſt pas fi dangéreuſe , & c'eſt un des meilleurs moyens qu'on mette en uſage pour purger le foupçon d'héréfie. *Adnot. lib. 3 , fch. 53.*

Voici la forme de la Sentence de torture : « *Nous , par la grace de Dieu , N.*
» *Inquifiteur, &c. confidérant avec atten-*
» *tion le procès inſtruit contre vous , voyant*
» *que vous variez dans vos réponſes & qu'il*
» *y a contre vous des indices fuffifants.*

Pour tirer la vérité de votre propre bouche, & afin que vous ne fatiguiez plus les oreilles de vos Juges , nous jugeons, déclarons & décidons qu'un tel jour , à telle heure vous ſerez appliqué à la queſtion.

Quoiqu'on ait ſuppoſé dans cette formule qu'il y avoit variation dans les ré-

(*a*) On verra plus bas ce que c'eſt que l'abjuration & la purgation canonique.

ponfes de l'Accufé, & d'autre part indices fuffifans pour l'appliquer à la queftion ; ces deux conditions enfemble ne
font pas néceffaires, elles fuffifent ré-
ciproquement l'une fans l'autre. *Direct.*
3. pars. p. 313.

On ne doit décerner la queftion que
lorfqu'on a déja mis inutilement en
ufage tous les autres moyens de découvrir la vérité. De bonnes manieres,
de la fineffe, les exhortations de quelques perfonnes bien intentionnées, la
réflexion, les incommodités de la prifon fuffifent fouvent, pour tirer des
coupables l'aveu de leur faute.

Les tourmens mêmes ne font pas un
moyen fûr de connoître la vérité. Il y
a des hommes foibles qui à la premiere
douleur avouent même les crimes qu'ils
n'ont pas commis, & d'autres vigou-
reux & opiniâtres qui fupportent les
plus grands tourmens. Il y en a qui
ayant déja fouffert la queftion, la foutiennent avec plus de conftance, parce
que leurs membres s'étendent prefque
tout de fuite & réfiftent fortement, &
d'autres qui par leurs fortiléges deviennent comme infenfibles & mourroient
dans les fupplices plutôt que de rien
avouer. Ces malheureux employent

D iv

pour leurs maléfices des paſſages de l'Ecriture qu'ils écrivent d'une maniere étrange ſur des parchemins vierge, ils y mêlent des noms d'Anges qu'on ne connoît point, des cercles, des caracte-res ſinguliers, & portent ces caracteres ſur quelque endroit caché de leur corps. Je ne ſçai pas encore de remedes bien ſûrs contre ces ſortiléges, on fera ce-pendant bien de dépouiller & de viſiter les coupables avec ſoin avant de les mettre à la queſtion. *Adnot. lib. 3.*

Lorſque la Sentence de torture aura été portée, & pendant que les Bour-reaux ſe diſpoſeront à l'exécuter, il faudra que l'Inquiſiteur & des gens de bien faſſent de nouvelles tentatives pour engager l'Accuſé à confeſſer la vérité. Les Tortionnaires dépouille-ront le Criminel avec une eſpece de trouble, de précipitation & de triſteſſe qui puiſſent l'effrayer, & lorſqu'il ſera tout-à-fait dépouillé on le tirera à part & on l'exhortera encore à avouer. On lui promettra la vie à cette condition, à moins qu'il ne ſoit relaps, auquel cas il ne faut pas la lui promettre (*a*).

(*a*) C'eſt-à-dire, que l'Iuquiſiteur promet-tra la vie à ceux que les Loix ne condamnent point à la mort.

Si tout eft inutile, on l'appliquera à la queftion, pendant laquelle on lui fera fubir l'interrogatoire d'abord fur les articles les moins graves fur lefquels il eft foupçonné, parce qu'il avouera plutôt les fautes légeres que les plus confidérables.

S'il s'obftine toujours à nier, on lui mettra fous les yeux les inftrumens d'autres fupplices, & on lui dira qu'il lui faudra paffer par tous s'il ne veut pas confeffer la vérité.

Enfin, fi l'Accufé n'avoue rien, on pourra continuer la queftion le fecond & le troifiéme jour, mais on ne pourra que continuer les tortures & non les répéter (*a*), parce qu'on ne doit pas les répéter fans de nouveaux indices qui furviennent, mais il n'eft pas défendu de les continuer : (*ad continuandum non ad iterandum, quia iterari non debent, nifi novis fupervenientibus indiciis, fed continuari non prohibentur.*)

Lorfqu'un Accufé a fupporté la queftion fans rien avouer, l'Inquifiteur doit

_____

(*a*) On ne voit pas bien quelle différence il y a pour le Patient, entre continuer, ou répéter la torture ; mais il faut croire qu'il y en a une pour l'Inquifiteur. *Direct. part.* 3, *pag.* 313, 314.

lui donner la liberté par une Sentence qui portera qu'*après un examen soigneux de son procès, on n'a rien trouvé de légitimement prouvé contre lui sur le crime dont on l'avoit accusé.*

Pour ceux qui avouent, ils sont traités comme les hérétiques pénitens non relaps si c'est pour la premiere fois ; comme les impénitens, s'ils ne veulent pas abjurer : & comme les relaps, si c'est effectivement la seconde fois qu'ils sont tombés dans l'héréfie (*a*).

Dans les commencemens de l'établissement de l'Inquisition, les Inquisiteurs ne faisoient pas appliquer eux-mêmes les Accusés à la question, de peur d'encourir l'irrégularité. Ce soin regardoit les Juges Laïcs, d'après la Bulle *ad extirpanda*, du Pape Innocent IV. dans laquelle ce Pontife enjoint aux Magistrats *de contraindre par les tourmens les Hérétiques, ces assassins des ames, & ces voleurs de la Foi chrétienne & des Sacremens de Dieu,* de les contraindre d'avouer leurs crimes, & de dénoncer les autres hérétiques leurs complices. Dans la suite comme on remarqua que la procédure n'étoit pas assez secrete, & qu'il

(*a*) On verra plus bas les peines décernées dans ces différens cas. *Direct. ibidem. p. 314.*

en résultoit de grands inconvéniens pour la Foi; on a trouvé plus commode & plus salutaire d'attribuer aux Inquisiteurs le droit d'infliger eux-mêmes la question, sans avoir recours aux Juges Laïcs, en leur accordant outre cela le pouvoir de se relever mutuellement de l'irrégularité qu'ils peuvent encourir dans certains cas (*a*).

Nos Inquisiteurs employent ordinairement cinq espèces de tourmens dans la question; comme c'est une chose connue de tout le monde, je ne m'y arrêterai pas. On peut consulter Paulus Grillandus Locatus, &c. Le Droit Canonique n'ayant pas déterminé tel & tel supplice en particulier, les Juges peuvent se servir de ceux qu'ils croiront les plus propres à tirer de l'Accusé la confession de son crime; cependant on ne doit point faire usage de tourmens inusités. Marsilius fait mention de quatorze espèces de tourmens : il ajoute même qu'il en a imaginé d'autres, comme la soustraction du sommeil, en quoi il est approuvé par Grillandus & par Locatus ; mais si l'on me permet d'en dire natu-

(*a*) Comme lorsque les Accusés meurent dans les tourmens. *Adnot. L. 3. Schol* 118.

rellement mon avis, ce font là des recherches de bourreaux, plutôt que des
traités de Théologiens.

C'eft affurément une coutume louable d'appliquer les criminels à la queftion, mais je défapprouve fortement
ces Juges fanguinaires, qui par je ne
fçai quelle vaine gloire, employent des
tourmens recherchés & fi cruels, que
les Accufés meurent dans la torture ou
perdent quelques-uns de leurs membres.
Ce qu'Antoine Gomès blâme auffi avec
beaucoup de force.

Le privilége que les Loix accordent
aux perfonnes nobles, de ne pouvoir
être mifes à la queftion dans les autres
caufes, n'a pas lieu en matiere d'héréfie ; & dans le Royaume d'Arragon
où la torture n'eft jamais employée
pour les crimes civils, on la met en
ufage dans les Tribunaux du Saint-
Office. *Adnot. Lib. 3. Schol. 118.*

Les Criminels feignent fouvent la
folie pour éviter la torture ; mais lorfqu'on foupçonne que cette démence
n'eft que fimulée, il ne faut pas différer
pour cela de les appliquer à la queftion
qui pourra mieux fervir en pareil cas à
faire connoître fi la demence eft vraie

ou feinte ; & pourvû qu'il y ait d'ailleurs d'autres indices, il n'y a point d'inconvénient à les éprouver ainsi , vû qu'il n'y a pas danger de mort. *Adnot. Lib. 3. Schol.* 25.

CHAPITRE VI.

De la contumace & de la fuite du Coupable.

UN Accusé peut être absent pour ses affaires, & ignorant qu'il a été déféré à l'Inquisiteur ; ou bien il a pris la fuite pour éviter d'être saisi.

Lorsque l'Accusé est absent de bonne foi, l'Inquisiteur doit s'informer le plus secrettement qu'il sera possible, s'il doit revenir ou non. S'il doit revenir, il faut attendre patiemment un an & plus, & après son retour on procédera contre lui.

S'il ne doit pas revenir, alors il faut le citer à comparoître en personne dans un temsdonné, s'il ne comparoît pas on l'excommunie ; s'il demeure sous l'excommunication une année, la coutumace est décidée. On requiert alors les Seigneurs temporels des lieux où s'il est enfui de le faire saisir ; si on ne peut pas s'emparer de sa personne, on instruit la contumace, on prononce la Sentence contre lui, & on le livre à la Justice Séculiere qui le fait brûler en effigie.

Si l'Accufé , a pris la fuite pour fe fouftraire à l'Inquifition , il y a trois cas différens.

Le premier , quand le Fugitif eft convaincu par fa propre confeffion ou par l'évidence du fait , ou par des témoignages fuffifans. Le fecond , lorfqu'il eft feulement déferé & cité au Tribunal du Saint-Office , comme fufpe& d'héréfie. Le troifieme , lorfqu'il eft fauteur d'hérétique.

Dans tous ces cas il eft cité à comparoître dans un tems donné ; fi après les citations , il ne comparoît pas , il eft frappé de l'excommunication; & s'il y croupit une année entiere , il eft condamné comme hérétique , & foumis à toutes les peines de droit.

Cependant il faut remarquer que dans le fecond & le troifieme cas , il peut fort bien arriver que le Fugitif ne foit pas effectivement hérétique ; mais il eft toujours condamné comme tel par une fiction ou préfomption de droit. *Adnot. Lib. 3. Schol. 69.*

Pour la citation d'un Hérétique convaincu contumax & fugitif, on employe la Formule suivante :

» Nous, Inquifiteurs de la Foi, à
» Vous N..... natif d'un tel endroit, d'un
» tel Diocèfe : Dieu vous rende plus fage.

» Notre plus grand defir a toujours
» été que la Vigne du Dieu Sabaoth,
» plantée par la droite du Pere célefte,
» arrofée par le Sang de fon Fils, ren-
» due féconde par les dons de l'Efprit-
» Saint, & douée des plus grands pri-
» viléges par toute la bienheureufe &
» incompréhenfible Trinité, ne fût pas
» dévorée par le Sanglier de la Forêt,
» c'eft-à-dire, par l'Hérétique, ni étouf-
» fée par les ronces de l'héréfie, ni em-
» poifonnée par le fouffle empefté du
» ferpent ennemi..... Nous mettions
» tout notre foin à empêcher les petits
» renards de Samfon, qui font les héré-
» tiques, de manger la moiffon du
» champ du Pere de Famille, & d'y
» mettre le feu avec leurs queues en-
» flammées, c'eft-à-dire, de pervertir
» par des fubtilités damnables, la pu-
» reté de la Foi catholique ; c'eft pour
» cela, qu'après vous avoir convaincu

» d'être tombé dans telle & telle héré-
» sie, & nous être saisi de vous, nous
» vous préparions des remédes salutai-
» res ; mais conduit & séduit par l'ef-
» prit malin, vous vous êtes enfui de
» votre prison. Nous vous avons cité à
» notre Tribunal, & vous avez refusé
» de comparoître ; Nous vous avons
» excommunié, & vous êtes demeuré
» dans l'excommunication pendant tant
» de tems ! Nous ignorons en quel en-
» droit le Démon vous a conduit : Nous
» avons attendu avec bonté que vous
» retournassiez au sein de l'Eglise. Main-
» tenant donc, que vous persistez dans
» ces criminelles dispositions, nous vous
» citons pour la derniere fois, à com-
» paroître en personne, un tel jour,
» en tel endroit, &c. en vous signifiant
» que ce terme arrivé, nous prononce-
» rons contre vous la Sentence défini-
» tive, que vous comparoissiez ou non,
» & afin que vous n'en prétendiez cause
» d'ignorance, Nous ordonnons que les
» présentes Lettres de citation soient
» affichées & publiées, &c. *Direct.*
Part. 3. p. 343. &c.

On joint à ces citations des Lettres
adressées aux Inquisiteurs, ou aux Ma-

giſtrats des Lieux dans leſquels le cou‑
pable s'eſt enfui.

L'Inquiſiteur y dit , en parlant du
Fugitif : » Le malheureux , accumulant
» crime ſur crime , conduit par ſa folie
» & ſéduit par l'ennemi qui a trompé
» le premier homme , craignant les re‑
» médes ſalutaires qu'on vouloit appli‑
» quer à ſes bleſſures, & refuſant de ſu‑
» bir la peine temporelle pour éviter la
» mort éternelle , s'eſt joué de Nous &
» de la ſainte Egliſe , en fuyant de ſa
» priſon. Pour Nous , voulant encore
» plus fortement qu'auparavant, le gué‑
» rir des playes que lui a faites l'ennemi
» du Salut ; & déſirant avec la plus
» grande tendreſſe , *viſceraliter* , de le
» ramener dans la priſon ſuſdite , pour
» examiner s'il marche dans les ténè‑
» bres , ou dans la lumiere : Nous vous
» requérons & exhortons de le faire
» ſaiſir , & de nous l'envoyer ſous bon‑
» ne & ſûre garde ; nous engageant par
» les Préſentes , à payer toutes les dé‑
» penſes que vous ferez obligés de faire,
» &c. *Direct. Part. 3. p. 305. 306. & 307.*

Au reſte , l'Hérétique contumax eſt
ſoumis aux peines portées contre les
Hérétiques convaincus ; & lorſqu'il eſt

faifi , il eft puni felon la nature de fa faute , c'eft-à-dire , comme hérétique impénitent, s'il s'obftine à foutenir fes erreurs ; comme relaps , fi c'eft pour la deuxieme fois , &c.

Si le Fugitif comparoît au jour prefcrit, & qu'il fe repente , on le traitera comme l'hérétique pénitent. V. plus bas.

S'il ne comparoît pas , on prononce contre lui une Sentence par laquelle on le déclare hérétique impénitent,& on le livre, comme tel, au bras Séculier ; s'il eft pris, fon procès eft tout fait , on le traite comme l'hérétique impénitent. Voy. plus bas.

Zanchinus, Campegius & d'autres Auteurs très-refpectables affurent qu'on doit tenir pour convaincu, & condamner comme tel tout homme qui s'enfuit de fa prifon ; mais on peut dire feulement que la fuite fortifie beaucoup le foupçon d'héréfie. Au fond il eft plus raifonnable de foupçonner qu'un pauvre homme s'enfuit parce qu'il eft mal en prifon , ou par la crainte des tourmens, que parce qu'il eft hérétique ; cependant fi on reprend un fugitif, on ne doit pas laiffer fa fuite impunie , il faudra le fouetter publiquement pour fa fuite feulement , fi c'eft un homme du commun ; fi c'eſt un Docteur ou un Religieux, le garder plus étroitement & le punir de quelqu'autre maniere très-ſévere. *Adnot. lib. 3, ſch. XLVII.*

La remarque précédente doit s'entendre d'un hérétique qui s'enfuit pendant l'inſtruction de ſon procès ; mais ſi un hérétique s'enfuit de la priſon perpétuelle à laquelle il a été condamné, il doit être puni de mort comme l'hérétique impénitent, parce qu'on doit préſumer qu'il a encore un levain d'héréſie caché dans le cœur, puiſqu'il ſe fouſtrait à la pourſuite qui lui a été enjointe. *Direct. 3 part. queſt. 97 (a).*

Lorſque l'hérétique convaincu & contumax a été condamné, il peut être pris, dépouillé & même tué par tout particulier, en cas de réſiſtance. En effet, il eſt au ban du Pape & des Princes ſéculiers, & on eſt avec lui dans l'état de guerre. C'eſt ce qu'enſeignent Geminianus, Godofredus, Gazaros, Roias, &c. *Adnot. Lib. 3, ſch. 48.*

Quoiqu'il ſoit défendu par les Loix

(a) Ce ſentiment d'Eymeric eſt adopté par *Ancharanus, Dominicus, Arelatanus, Zanchinus, &c.* Mais ſon Commentateur convient qu'il eſt un peu trop dur. *Adnot. lib. 3. Sch. 144.*

en matiere civile & criminelle, d'entendre les témoins & de juger définitivement sans que la cause soit débattue
d'un & d'autre côté, & sans que la Sentence soit contradictoire, le débat de
la cause étant, selon les Jurisconsultes,
la base de tout jugement, cette regle
ne s'observe point en matiere d'hérésie, parce que en faveur de la Foi les
Inquisiteurs sont autorisés à négliger
toutes ces formes, & à procéder *simpli-*
citer & de plano. Ainsi la déposition des
témoins, même en l'absence du coupable ou d'un Procureur pour lui, produit ici tout son effet, quoiqu'il n'en
soit pas de même dans les causes d'un
autre genre. *Adnot. lib.* 2 *sch.* 17.

CHAPITRE VII.

DE L'ABSOLUTION.

ON abfout l'Accufé lorfqu'après un mûr examen on ne trouve aucue preuve contre lui , & que d'ailleurs il n'eft ni fufpect ni mal famé : voici la fubftance de cette Abfolution.

» Le Saint Nom de Dieu invoqué ,
» nous déclarons qu'il n'y a rien de lé-
» gitimement prouvé contre vous qui
» puiffe vous faire regarder comme fuf-
» pect d'héréfie ; c'eft pourquoi , &c.

Il faut bien prendre garde d'inférer dans la formule d'Abfolution que l'Accufé eft innocent (*caveatur quod non ponatur quod eft infons*) mais feulement qu'il n'y a pas de preuves fuffifantes contre lui. *Sed quod non fuit probatum legitimè contra eum* , précaution qu'on prend afin que fi dans la fuite l'Accufé qu'on abfout étoit remis en caufe , l'Abfolution qu'il reçoit ne puiffe paslui fervir de défenfe. *Direct. part . 3 pag.* 3l9.

C'eſt une maxime générale qu'en faveur de la Foi & en matiere d'héréſie,
une Sentence d'Abſolution ne doit jamais être regardée comme un dernier
jugement. *Adnot. lib.* 3, *ſch.* 161.

CHAPITRE VIII.

Des différentes peines décernées par l'Inquisition.

LES peines décernées par l'Inquisition font la purgation canonique ; l'abjuration dans les cas de soupçon d'héréfie, & les pénitences dont elle eft fuivie ; les peines pécuniaires, c'eft-à-dire, les amendes & la confifcation des biens ; la privation de toute efpece d'Office & d'Emploi ; la prifon perpétuelle, & l'abandonnement du Condamné à la Juftice Séculiere.

De la purgation canonique.

La purgation canonique eft enjointe à ceux qui ayant été traduits devant l'Inquifiteur comme diffâmés d'héréfie, n'ont pas pû être convaincus d'avoir dit ou fait quelque chofe contre la Foi ; mais font feulement accufés d'héréfie par le bruit public.

Pour la purgation canonique, l'Accufé

cufé eft obligé de trouver un certain nombre de gens de bien, bons Catholiques,
& de l'état même qu'il exerce ; des Religieux, s'il eft Religieux, &c. on les appelle *Compurgatores* ; le nombre doit en être
plus ou moins grand, fuivant la gravité
du foupçon d'héréfie ; il faut qu'ils ayent
connu le coupable depuis plufieurs années. On fait jurer l'Accufé fur les Evangiles qu'il n'a point tenu ni enfeigné,
& qu'il ne tient & n'enfeigne pas les
doctrines hérétiques fur lefquelles on
l'avoit accufé, & fes Compurgateurs
jurent avec les mêmes formalités qu'ils
croyent que l'Accufé a dit la vérité
dans le ferment qu'il vient de faire. La
purgation fe fait dans toutes les Villes
où l'Accufé a été diffâmé. *Direct. part.*
3, *p.* 312 *&* 313.

On donne un certain tems à l'Accufé
pour chercher fes Compurgateurs. S'il
ne peut pas les fournir au nombre qu'on
exige ou tels qu'on les demande, c'eft-
à-dire du même état que le fien ou de
bonnes mœurs, &c. il eft dès-lors
convaincu & condamné comme hérétique. *Direct. ibid.*

D'aprés la même regle, celui qui ne
peut pas trouver des gens qui veuil-
lent lui fervir de Purgateurs, *eum qui*

E

deficit in purgatione, & qui auparavant auroit été trouvé coupable d'héréfie, doit être jugé & condamné comme Relaps, & livré au bras Séculier : c'eft l'opinion commune. C'eft pourquoi il ne faut pas ordonner légérement la purgation canonique, parce qu'elle dépend de la volonté d'autrui. *Adnot. lib. 3, fch. X.*

La purgation canonique eft quelquefois prefcrite à des perfonnes diffamées par le bruit public, & qui ne font pas entre les mains des Inquifiteurs, alors celui qui refufe de s'y foumettre eft excommunié, & s'il demeure un an fous l'excommunication, il eft tenu pour hérétique, & foumis à toutes les peines de droit. *Direct. part. 3, p. 312 & 313.*

CHAPITRE IX.

DE L'ABJURATION.

L'Abjuration est ordonnée dans le cas du soupçon léger d'hérésie *de levi*, dans celui du soupçon *vehement, de vehementi*, & dans le cas du soupçon violent, *ubi quis est suspectus de hæresi violenter* : ce sont trois degrés différens.

Les formules d'abjuration sont à-peu-près les mêmes dans les trois cas ; mais elles sont suivies de punitions différentes pour le moment, & ce qu'il y a de principal de peines très-différentes dans le cas où celui qui a fait abjuration viendroit à retomber dans l'hérésie ; car le relaps après l'abjuration *de levi* n'est pas livré au bras Séculier, au contraire après l'abjuration *de vehementi*. Direct. part. 3, p. 315 & suiv.

Les abjurations se font ordinairement dans l'Eglise, en présence de tout le peuple. On les fait précéder par la lecture du Symbole & des autres articles de la croyance Chrétienne, & par celle d'une liste des erreurs principales, & sur-tout de celles que l'Accusé a soute-

nues. Après cela l'Inquisiteur somme
l'Accusé de confesser à haute voix qu'il
est tombé dans telle ou telle hérésie. Cependant si l'on craint que l'Accusé ainsi
sommé ne veuille s'excuser devant le
peuple, alors, pour éviter le scandale,
il ne faut pas l'interroger sur la fausseté
ou la vérité des accusations particulieres intentées contre lui, mais lui
demander seulement s'il veut abjurer
les propositions hérétiques dont on
vient de faire lecture. *Direct.* 3, *part.*
p. 327.

Dans l'abjuration *de levi*, l'Inquisiteur donne à l'Abjurant l'avertissement
qui suit. « Mon cher fils, prenez garde
» à vous, car quoique suspect légere-
» ment, pour un rien, *pro modico*, vous
» deviendriez suspect gravement, &
» vous seriez obligé d'abjurer comme
» tel, & si vous retombiez vous seriez
» livré sans miséricorde au bras Sécu-
» lier, pour être puni du dernier sup-
» plice ».

Après cela l'inquisiteur lui enjoindra
la pénitence qu'il jugera à propos. *Di-*
rect. part. 3, *p.* 316.

Dans le 2ᵈ cas, qui est celui du soupçon *de vehementi*, l'abjuration est suivie
communément de la peine de la prison

pour un tems, ou de l'obligation de ſe tenir aux portes de l'Egliſe pendant la Meſſe, avec un cierge à la main, ou de celle de faire un tel pélerinage ; mais l'Accuſé n'eſt point empriſonné pour toujours & ne porte point de croix jaunes ſur ſes habits, ces peines étant paticulieres aux hérétiques, proprement dits. *Direct. part.* 3. p. 319.

Dans le troiſieme cas qui eſt celui du *ſoupçon violent*, l'abjuration eſt ſuivie de peines plus graves : voici la forme de la Sentence que l'Inquiſiteur prononce au coupable.

» Nous Inquiſiteur, &c. vous ayant
» trouvé coupable de telles & telles
» fautes pour leſquelles vous êtes avec
» juſtice ſoupçonné violemment d'héré-
» ſie; comme vous avez ſuivi un bon
» conſeil en abjurant, Nous vous don-
» nons l'abſolution de l'excommunica-
» tion que vous aviez encourue; mais
» comme nous ne pouvons pas laiſſer
» impuni, le crime que vous avez
» commis contre la Majeſté Divine,
» & afin que vous deveniez déſor-
» mais plus circonſpect, & que dans
» l'autre monde vous ſoyez moins ſé-
» verement puni.... Nous vous con-
» damnons, 1° à porter par-deſſus vos

» vêtemens ordinaires, un habit brun
» en forme de scapulaire de Moine sans
» capuchon, avec des croix jaunes de-
» vant & derriere, longues d'un pied
» & demi & larges de deux. 2°. Vous
» vous tiendrez à la porte de telle
» Eglise avec votre habit & vos croix,
» aux grandes Fêtes de l'année. 3°.
» Vous serez en prison pendant tant
» de tems, &c.

» Après la Sentence prononcée, l'In-
» quisiteur dira au coupable, mon cher
» fils, prenez patience & ne vous dé-
» sespérez pas : si nous voyons en vous
» des signes de repentir, nous adou-
» cirons votre pénitence; mais gar-
» dez-vous bien de vous écarter de ce
» que nous vous prescrivons : parce
» que si vous y manquez, vous serez
» puni, comme hérétique impénitent.

L'Inquisiteur finira par donner une
indulgence de quarante jours à ceux
qui auront assisté à la cérémonie, &
de trois ans à ceux qui y seront entrés
pour quelque chose, &c. *Direct. part.*
3. p. 322.

On peut quelquefois, selon les circonstances, se relâcher sur la prison,
& sur la nourriture au pain & à
l'eau; mais il ne faut jamais user d'in-

dulgence fur l'article de l'habit & des croix, parce qu'elles font pour celui qui les porte, une pénitence falutaire, & pour les autres un grand fujet d'édification, *Direct. part. 3. paffim.*

Si le coupable retombe dans l'héréfie, il eft livré au bras féculier, comme relaps ; on l'en avertit dans la cérémonie de fon abjuration & de fon abfolution.

On fait faire auffi l'abjuration aux hérétiques pénitens non relaps & relaps ; mais ils font outre cela punis les premiers de la prifon perpétuelle, & les relaps abandonnés à la Juftice feculiere.

On demande fi celui qui a abjuré une héréfie en particulier, retombant dans une héréfie diftinguée de la premiere, doit être cenfé relaps ; Andreas penfe que non ; mais Archidiaconus, Geminianus & d'autres font d'opinion contraire. Le fentiment d'Andreas paroît plus vrai à confulter le fens propre du terme relaps; celui d'Archidiaconus fera préféré, fi on confidere que toutes les héréfies fe tiennent & font liées étroitement. Au refte cette queftion devient déformais inutile à traiter, parce que l'ufage actuel étant d'exiger toujours une

abjuration générale de toute héréfie,
lorfque l'Accufé eft foupçonné *de vehe-*
menti ou *violenter*; au moyen de quoi,
lorfqu'il retombe dans quelque héréfie
que ce foit, il eft fans difficulté cenfé relaps. *Adnot. lib. 2. Schol. 47.*

On a fait cette difpofition, afin que dans
les cas de rechute, les coupables ne puffent
plus fe défendre en difant qu'ils ne font
pas tombés dans l'héréfie qu'ils avoient
précédemment abjurée, & ne préten-
diffent échapper par-là aux peines décernées contre les relaps. *Adnot. lib. 3.*
Schol. 55.

On prefcrit quelquefois enfemble,
l'abjuration & la purgation canonique.
C'eft ce qu'on fait, lorfqu'à la mauvaife réputation d'un homme en matiere de Doctrine, il fe joint des indices confidérables, qui, s'ils étoient
un peu plus forts, tendroient à le convaincre d'avoir effectivement dit ou fait
quelque chofe contre la foi. L'Accufé
qui eft dans ce cas, eft obligé d'abjurer
toute héréfie en général, & alors s'il
retombe dans quelque héréfie que ce
foit, même diftinguée de celles fur lefquelles il avoit été fufpect, il eft puni
comme relaps & livré au bras féculier.
Direct. 3. part. p. 3 24,

Mais n'y at-il pas de l'injuftice à décerner en même-tems deux peines pour un feul & même crime, & à contraindre d'abjurer celui à qui on vient d'enjoindre auffi la Purgation canonique, par laquelle il femble s'être déja lavé du foupçon d'héréfie ? Campegius répond à cette difficulté, que la purgation eft ordonnée pour l'infamie & l'abjuration pour le foupçon d'héréfie ; mais cette explication n'eft pas recevable, parce que la purgation ayant déja détruit le foupçon, ce ne peut plus être pour le foupçon même qu'on exige l'abjuration. Panormitanus a mieux réfolu la difficulté, en difant que la purgation eft pour l'infamie, le fcandale & le foupçon véhément, & que l'abjuration tombe fur la familiarité avec les hérétiques, & non pas fur les héréfies dont. l'Accufé s'eft purgé canoniquement. *Adnot. lib.* 2. *Schol.* XI.

Ceci nous conduit auffi à rejetter, comme trop févere, l'opinion de Cardinalis de Squillacenfis, &c. qui prétendent qu'il faut d'abord mettre à la queftion un Accufé foupçonné violemment s'il n'avoue rien, lui ordonner la purgation canonique ; & s'il parvient à fe purger canoniquement, l'obliger à faire abjuration. *Adn. l.* 2. *Sch.* XI.   E v

CHAPITRE X.

Des Amendes & de la Confiscation des biens.

OUTRE les Pénitences, l'Inquisiteur peut imposer des peines pécuniaires par la même raison qu'il peut enjoindre des pélerinages, des jeûnes, des prieres, &c. Ces amendes doivent être employées en œuvres pies., comme au soutien & à l'entretien du Saint-Office. Il est juste en effet que l'Inquisiteur fasse payer ses dépens à ceux qui font traduits à son Tribunal, parce que, selon Saint Paul aux Corinth. I. Ch. IX. Personne n'est obligé de faire la guerre à ses dépens. *Nemo cogitur stipendiis suis militare.* Les Inquisiteurs peuvent aussi recevoir des présens, pourvû qu'ils ne soient pas trop considérables ; mais il faut que les Inquisiteurs ne montrent pas trop d'avidité, de peur de scandaliser les Laïcs.

Que si ils font des exactions, ils doivent sçavoir qu'ils font excommuniés par le Chap. *Nolentes de Heret. in Clem. Direct. Part. III. p. 387.*

De toutes les œuvres pies, la plus utile étant l'établissement & le maintien de l'Inquisition, les amendes peuvent être sans difficulté appliquées à l'entretien des Inquisiteurs & de leur *familiers*; & il ne faut pas croire que cette application ne doive se faire que dans le cas de nécessité, parce qu'il est très-utile & très-avantageux à la Foi Chrétienne, que les Inquisiteurs ayent beaucoup d'argent, afin de pouvoir entretenir & payer leurs familiers, pour la recherche & l'emprisonnement des Hérétiques, &c. & subvenir aux autres dépenses qu'il leur faut faire ; cet emploi des amendes est d'autant plus nécessaire, que selon Guido-Fulcodius, depuis Pape, sous le nom de Clément IV, *les mains des Prélats sont tenaces, & leurs bourses constipées. Quia Prelatorum tenaces sunt manus & marsupia constipata;* c'est-à-dire qu'ils ne fournissent pas volontiers aux frais nécessaires pour la poursuite & la punition des Hérétiques. *Adnot. Lib. III. Schol.* 147 & 148 (a).

En Italie, où les Inquisiteurs sont pauvres, ils sont entretenus aux dé-

(a) Ceci est relatif au premier état des Inquisiteurs, lorsqu'elles n'étoient pas encore séparées des Tribunaux des Evêques.

E vj

pens de la *chofe publique*, ce qui a été réglé par Innocent I V. dans fa Bulle *Ad extirpanda*. Après tout, le Public paye bien des Bouchers, des Médecins & des Maîtres des Arts libéraux & méchaniques, pourquoi ne payeroit-il pas les Inquifiteurs qui fupportent de plus grands travaux, & qui font plus utiles ? Les Egyptiens nourriffoient bien les Prêtres de leurs Idoles, & le Peuple Chrétien ne nourriroit pas les Cenfeurs de la Foi, qui maintiennent parmi eux l'obfervation de la Loi de Dieu, & la pureté des Dogmes Catholiques ? *Adnot. Lib. III. Sch.* 168.

De la confifcation des biens.

La confifcation des biens eft ordonnée contre les Hérétiques pénitens non relaps lorfqu'ils ne fe convertiffent qu'après la Sentence prononcée (car les Hérétiques pénitens avant la Sentence ne font pas foumis à la même peine) contre les Hérétiques impénitens, contre les relaps, &c. & généralement contre tous ceux qui font livrés au bras Séculier. *Direct. Pars III. paffim.*

Si les Hérétiques pénitens avant la Sentence ne perdent pas leurs biens,

ce n'eft que par pure bonté qu'on les
leur laiffe auffi-bien que la vie, vû qu'ils
ont mérité de perdre l'un & l'autre. En
effet, les biens d'un Hérétique ceffent
de lui appartenir & font confifqués
par le feul fait. *Direct. Pars III. Quæft.*
109. & Adnot. Lib. III. Sch. 151.

La commifération pour les enfans du
coupable qu'on réduit à la mendicité ne
doit point adoucir cette févérité, puifque par les Loix divines & humaines,
les enfans font punis pour les fautes de
leurs peres. *Direct. Pars I. p. 58.*

Les enfans des Hérétiques, même
lorfqu'ils font Catholiques, ne font pas
exceptés de cette Loi, & on ne doit
rien leur laiffer, pas même la légitime
qui paroît leur appartenir de droit naturel. Hoftienfis a prétendu que cette
difpofition du Droit Canonique mo-
derne n'étoit pas auffi équitable, que les
Loix civiles anciennes qui admettoient
les enfans Catholiques à la fucceffion de
leur pere, mais il fe trompe. Il n'y a
point-là d'injuftice, parce que cela eft
néceffaire pour détourner les peres d'un
crime auffi grand que l'héréfie, & c'eft
la commune opinion.

Les Inquifiteurs pourront cependant par grace pourvoir à la fubfiftance

des enfans des Hérétiques ; on fera apprendre un métier aux garçons, & on mettra les filles au fervice de quelque femme de confidération de la même Ville ; & pour ceux que leur âge ou leur foible fanté mettroit hors d'état de gagner leur vie, on leur fera donner quelques petits fecours.

Que fi les enfans de quelque Prince étoient dans le cas dont nous parlons, & qu'il y eut des filles, il faudra leur donner une dot honnête. *Adnot. Lib. II. Sch. 6.*

Régulierement la dot de la femme d'un Hérétique n'eft pas confifquée avec les biens de fon mari ; mais il y a deux reftrictions à faire à cette maxime. 1°. La dot eft fujette à confifcation lorfque la femme en fe mariant a fçu que fon époux étoit Hérétique. *Direct. Pars III. p. 390.* 2°. La dot qui n'eft pas fujette à confifcation n'eft pas celle qui eft exprimée par le contrat de mariage, mais feulement celle que la femme prouvera par des témoins & par la dépofition du Notaire lui avoir été réellement comptée, comme le remarque très - bien Gabriel Quemada. Quant aux biens acquis pendant la communauté, quelques Auteurs prétendent

qu'ils doivent être confiſqués entierement, mais il me paroît juſte d'en rendre la moitié à la femme. *Adnot. Lib.
III. Sch.* 154.

La confiſcation des biens doit ſe faire
par les Seigneurs temporels, & elle eſt
au profit du Fiſc (après avoir prélevé
les dépenſes faites par l'Inquiſiteur pour
la recherche, la capture & la nourriture de l'accuſé.) *Direct. Part. III. p.* 390.

Les biens des Hérétiques confiſqués
furent d'abord appliqués au Fiſc dans
les Terres des Princes Séculiers, & à
l'Egliſe dans les Terres de l'Egliſe. Dans
la ſuite on en fit trois portions, dont la
premiere fut appliquée à la Communauté [Civile] une autre aux Inquiſiteurs, & la troiſiéme miſe en réſerve
pour être employée encore à la pourſuite & à l'extirpation des Hérétiques.
Cela fut réglé par Innocent IV. mais
lorſque les Inquiſiteurs commencerent
à avoir des priſons particulieres & des
Officiers à leurs gages ; les biens confiſqués furent attribués particulierement aux ſeuls Inquiſiteurs par Clé-

(*a*) La Note ſuivante de Pegua ſur cet endroit fait voir que cette Juriſprudence a éprouvé
depuis quelque changement.

ment V. C'eſt ce qui s'obſerve aujour-
d'hui dans toute l'Eſpagne. *Schol.* 152.

Après la mort d'un hérétique on peut
encore déclarer ſes biens ſujets à confiſcation & en priver ſes héritiers quoique cette déclaration n'ait pas été faite
du vivant de l'hérétique. *Direct. part.* 3,
p. 393.

Quoique ce ſoit une regle générale
en droit civil que l'action contre le Criminel s'éteint par ſa mort, cette loi
n'ayant pas lieu en matiere d'héréſie à
cauſe de l'énormité de ce crime, on
peut procéder contre un hérétique
après ſa mort, & le déclarer tel à l'effet
de confiſquer ſes biens (*ad finem con-
fiſcandi*) enlever ces biens à celui qui
les poſſede juſqu'à la troiſieme main &
les appliquer au profit du Saint-Office.
Salycetus, Angelus & d'autres Juriſconſultes ont penſé que ce droit des
Inquiſiteurs n'avoit plus lieu après le
terme de cinq ans expirés. Mais Roias,
Felynus, Gomès qui ſuivent en cela les
diſpoſitions du droit canonique, ſou-
tiennent avec raiſon que les enfans &
les héritiers des hérétiques ne jouiſſent
du bénéfice de la preſcription pour poſ-
ſéder les biens qu'ils en ont reçu qu'a-
près l'eſpace de quarante années, pour-

vû cependant qu'ils les ayent possédé de bonne foi pendant ce temps-là, c'est-à-dire, pourvû qu'à la mort de leur pere ou parent & pendant le cours entier de ces quarante années ils ayent toujours cru que le défunt étoit bon catholique; car s'ils avoient découvert pendant cet intervalle que le testateur étoit hérétique, ils sont censés avoir été de ce moment possesseurs de mauvaise foi; & alors même, après les quarante ans passés, les Inquisiteurs peuvent s'emparer des biens de l'hérétique défunt. *Adnot. lib. 3, sch. 115.*

Lorsqu'on fait le Procès à la mémoire d'un hérétique mort pour ôter à ses héritiers les biens dont ils se sont mis en possession, on entend des témoins comme dans la procédure à l'ordinaire, & on cite pour défendre le défunt ceux qui sont intéressés à ce que sa mémoire ne soit pas condamnée; lorsqu'il ne paroît aucun défenseur, c'est à l'Inquisiteur à en nommer un qui servira d'Avocat au mort, le Procureur Fiscal dudit Office formant de son côté son accusation.

On doit terminer en bref les causes de cette nature, & ne pas tenir les héritiers en suspens à cause du défaut de

preuves contre l'Accufé, à moins qu'il
ne foit vraifemblable qu'on aura bientôt de nouveaux indices. Mais cela
n'empêchera pas que l'Accufé ayant été
abfous on ne puiffe reprendre le Procès
de nouveau fi de nouveaux témoins
viennent dépofer, parce qu'en faveur
de la foi dans les caufes d'héréfie, une
Sentence d'abfolution ne doit jamais
être regardée comme un dernier Jugement. *Adnot. lib. 3, fchol. 161.*

Lorfque des hérétiques excommuniés & contumax & privés de leurs
biens en punition de leur contumace
fe repréfentent aux Inquifiteurs, on
peut les recevoir à pénitence, mais on
ne leur rendra pas leurs biens confifqués. *Adnot. lib. 3, fch. 69 & 64.*

Nous terminerons ce que nous avons
à dire fur la confifcation des biens des
hérétiques, en propofant une grande
difficulté fur cette matiere, à fçavoir
fi un hérétique qui n'eft encore ni
condamné ni même dénoncé eft obligé
dans le for de la confcience d'offrir
tous fes biens au fifc ou aux Inquifiteurs ; & s'il eft en état de péché
mortel, tant qu'il ne les reftitue pas,
Panormitanus, Felynus, Magnerius,
Tiraquellus, Alfonfus Caftrus, &c.

décident que l'hérétique caché est obligé à faire cette restitution ; mais d'autres Docteurs très-graves le déchargent de cette obligation comme Corradus, Clavasius, Sylvester, Gomès, Simancas, Vasquès, Gabriel, &c. En effet, dire qu'un hérétique caché est obligé de porter ses biens aux Inquisiteurs, c'est lui imposer l'obligation de se dénoncer lui-même. Or, cela est bien dur, & toutes les raisons qu'Alphonsus Castrus apporte au contraire sont très-bien réfutées par le R. P. Simanias *Cath. instit. tit.* 9. Nous y renvoyons nos lecteurs.

La question est un peu plus embarrassante relativement à un hérétique non plus caché comme nous venons de le supposer, mais qui a nié son crime en Jugement, & qui par le défaut de preuve a été renvoyé libre & absous. On peut douter si un tel homme n'est pas tenu devant Dieu de donner ses biens à Messieurs les Inquisiteurs. Il faut consulter sur cette matiere *Soto, lib.* 1, *de Justit. & Jure. Adnot. lib.* 3, *schol.* 131.

CHAPITRE XI.

De la privation de tout Emploi, Office, Bénéfice, Dignité, Pouvoir, Autorité, prononcée contre les Hérétiques, leurs Enfans, &c.

LES Hérétiques, &c. font privés par le feul droit, & fans qu'il foit befoin d'une nouvelle Sentence, de tout Office, Bénéfice, Pouvoirs, Dignités, &c. La Sentence déclaratoire eft néceffaire pour les fauteurs des Hérétiques. *Direct. Part. 3. Quæft. 113. Adnot. Lib. 3. Schol. 155.*

Les enfans des Hérétiques deviennent inhabiles à poffeder & à acquerir toute efpèce d'Office & de Bénéfice ; ce qui eft très-jufte, tant parce qu'ils font tachés de l'infâmie de leur pere, que parce qu'il faut que les parens foient détournés du crime par l'amour même qu'ils portent à leurs enfans. Quelques Auteurs prétendent que cette peine ne regarde que les enfans nés depuis que le pere eft tombé dans l'héréfie ; mais cette diftinction n'eft établie sur aucun fondement solide, & on peut la combattre par cette raison décisive, que cette punition ayant été imaginée pour contenir les peres par l'amour même qu'ils portent à leurs enfans, elle doit tomber sur tous , puisqu'ils aiment ceux qui sont nés avant leur crime, autant que ceux qui ne sont nés qu'après.

C'est une question difficile que celle-ci ; l'incapacité de posséder des Offices ou Bénéfices doit-elle s'étendre aux Offices ou Bénéfices que les enfans des Hérétiques possédoient avant le crime du pere, ou ne regarde-t-elle que ceux qu'ils peuvent acquérir dans la suite ? quoique le premier sentiment soit embrassé par le plus grand nombre des Canonistes, & que moi-même je l'aye adopté dans mon Livre *de pœnis Hereticorum* , je crois devoir m'en tenir à la seconde opinion , l'autre me paroissant trop sévere. *Adnot. Lib. 3. Schol. 136.*

Cette incapacité de posséder & d'acquérir toute sortes d'Office & Bénéfice , s'étend jusqu'à la seconde génération du côté du pere ; mais elle ne passe pas la premiere du côté de la mere : ainsi si le pere est Hérétique, son fils & sa fille , & les enfans de son fils & de sa fille deviennent inhabiles à posséder tout office & bénéfice ; mais si la mere tombe dans l'héréfie , la peine ne s'étend que fur le fils & la fille au premier degré.

On demande à ce fujet , si les enfans des Relaps convertis qu'on livre à la Juftice Séculiere , font compris fous cette même Loi ; pour moi je penfe qu'on ne doit pas les en excepter : car quoique ces Relaps fe repentent , on ne peut pas dire qu'ils foient réincorporés à l'Eglife ; ils ne font point de pénitence ; ils ne montrent point d'amandement (*a*). On doit dire la même chofe des enfans des Hérétiques qui font en fuite & coutumax. *Adnot. Lib.* 3. *Schol.* 157.

A la privation de tout emploi , office , bénéfice & dignité , il faut ajouter celle de toute efpéce d'autorité.

Dès l'inftant qu'un homme fe rend coupable d'héréfie , il perd l'autorité civile qu'il a fur fes domeftiques ; l'autorité politique qu'il a fur fes fujets , & l'autorité ou droit qu'il a fur fes biens ; le droit qu'il a fur ceux qui fe font obligés envers lui par quelque ferment que

_____

(*a*) L'Auteur veut dire qu'on n'eft pas fûr de la folidité de leur converfion ; mais on ne leur donne pas le tems de la montrer.

ce soit ; & enfin même, l'autorité paternelle.

Ce n'est pas une petite peine que la
privation de l'autorité paternelle , car
elle produit des effets singuliers qu'il
ne sera pas inutile de considérer. Les
enfans deviennent dès-lors étrangers à
leurs parents , & ne sont plus tenus de
leur obéir ; ils deviennent dès-lors *sui
juris* ; l'émancipation, les substitutions,
&c. les testamens , &c. & les autres
actes d'autorité paternelle, ne sont plus
d'aucune force, &c. Toutes ces peines
ont été établies en haine de l'hérésie ,
& sont particulieres à ce crime.

De-là suivent plusieurs conséquen-
ces, dont quelques-unes méritent d'être
rapportées. Par exemple , celui qui a
reçu un dépôt d'un Hérétique , n'est
point tenu de le lui restituer. Une femme Catholique n'est point obligée de
rendre le devoir à son mari devenu hérétique.

Un Commandant de Place n'est point
obligé de rendre ni de conserver sa
Place au Prince qui la lui avoit confiée,
&c.

Il faut cependant remarquer que cette
dissolution de toute obligation contrac-
tée avec des Hérétiques , n'a lieu que

lorfque l'héréfie eft *manifefte* ; mais l'héréfie eft manifefte, toutes les fois qu'on peut la prouver ; car un crime qu'on peut prouver, n'eft pas caché, mais manifefte.

Ainfi, par exemple, un pere perd par l'héréfie fon autorité fur fes enfans, même avant que le crime ait été déclaré par la Sentence du Juge Eccléfiaftique. *Adnot. Lib. 3. Schol. 158. & 159.*

CHAPITRE

CHAPITRE XII.

De la prifon perpétuelle.

LA peine de la prifon perpétuelle eft particulierement décernée contre l'hérétique pénitent non relaps. *Direct. & Adnot. paffim.*

On annoncera d'abord au peuple qu'un tel jour, à telle heure, dans une telle Eglife, on fera faire abjuration à un hérétique pénitent, & qu'on lui prononcera fa fentence, qu'on fera un fermon fur la foi, & que les affiftans y gagneront des indulgences.

Avant le jour de l'abjuration, on difpofera toute chofe, c'eft-à-dire, la formule de l'abjuration & de la fentence, un endroit élevé où l'on placera le coupable, de maniere qu'il puiffe être vû de tout le monde ; on fera faire les habits de pénitence, c'eft-à-dire une efpece de fcapulaire de Moine, de couleur obfcure, avec des croix devant & derriere, de toile ou de drap jaune.

Au jour marqué, le coupable fera placé fur l'eftrade dès le commencement

F

de la Meſſe. Après l'Evangile, l'Inquiſiteur (ou quelqu'un à ſa place) fera
ſermon contre l'héréſie, & ſur-tout
contre celle dans laquelle le coupable
eſt tombé. Le ſermon fini, il tiendra
au peuple ce diſcours ou un ſemblable :
» mes freres, celui que vous voyez là,
» eſt tombé dans l'héréſie contre laquelle
» je viens de vous prêcher, comme vous
» le verrez par la lecture qu'on va faire : »
alors un Religieux ou un Clerc lira à
haute voix la liſte des erreurs qu'a ſou-
tenu l'hérétique pénitent.

La lecture finie, l'Inquiſiteur demandera au coupable : » convenez-vous
» que vous êtes tombé dans les erreurs
» dont on vient de faire mention », l'accuſé répondant qu'il en convient, l'Inquiſiteur continuera : » voulez-vous en-
» core perſévérer dans vos erreurs ou les
» abjurer. Alors l'Accuſé répondant qu'il
veut les abjurer, on lui fera faire une
abjuration générale de toute héréſie,
& une particuliere des héréſies dont il
aura été convaincu. Une promeſſe de dé-
férer tous les hérétiques qu'il connoî-
tra aux Inquiſiteurs, de ne refuſer
aucune des pénitences qu'on lui impo-
ſera, & de les accomplir avec exactitude.

De ne jamais s'abſenter ſans la per-

mission des Inquisiteurs (ceci n'a lieu
que dans le cas où on se relâche de la
peine de la prison perpétuelle , comme
il arrive quelquefois en donnant à un
Hérétique pénitent la Ville pour prison) & de se représenter toutes les fois
qu'il en sera requis. Il se soumet encore,
encas qu'il manque, aux promesses qu'il
vient de faire à toutes les peines décernées contre les relaps.

Le Greffier aura grand soin d'insérer
dans son Procès-verbal que l'Hérétique
a abjuré comme convaincu d'hérésie par
sa propre confession , afin que s'il retombe , il soit puni comme les relaps
méritent de l'être.

L'Inquisiteur parlera ensuite à l'Abjurant en ces termes. » Mon cher fils ,
» vous avez fait sagement d'abjurer vos
» erreurs , parce que vous avez évité
» l'enfer , & que , Dieu aidant, vous se-
» rez reçu, si vous le voulez, au Paradis ;
» mais je vous avertis d'être désormais
» très-circonspect dans vos actions, dans
» vos paroles & dans le choix de votre
» société ; car si dans la suite vous vous
» rendiez coupable de quelque hérésie ,
» ou si vous favorisiez les Hérétiques,
» vous seriez livré sans miséricorde à la
» Justice séculiere, pour être puni du der-

» nier fupplice, c'eft pourquoi je vous
» confeille de prendre garde à vous.

L'Inquifiteur abfoudra enfuite le coupable de l'excommunication qu'il avoit
encourue, & il ajoutera :

» Mon fils, l'Eglife de Dieu vous a
» reçu avec miféricorde, & vous voilà
» mis au nombre de fes enfans ; mais afin
» que vous foyez déformais plus circonf-
» pect, que Dieu vous pardonne, & que
» vous ferviez d'exemple aux autres,
» nousallons vous impofer une péniten-
» ce,non pas auffi grande que vous l'avez
» méritée, mais proportionnée à votre
» foibleffe. Et ne vous effrayez point fi
» elle vous paroît dure;parce que fi vous
» montrez de bonnes difpofitions, vous
» trouverez en nous de l'indulgence.

Formule de Sentence contre l'Hérétique
Pénitent.

Nous, Frere N. de l'Ordre des Pref-
cheurs, Inquifiteur de la Foi, délégué
par le Saint Siége.

» Confidérant que vous, N. natif d'un
» tel endroit, dans un tel Diocèfe,
» avez été déféré à notre Tribunal,
» par le bruit public & l'infinuation des
» gens dignes de foi, comme coupable

» d'héréfie, & que vous êtes demeuré
» dans vos erreurs pendant plufieurs
» années, au grand détriment de votre
» ame : cet avis a porté la douleur dans
» notre cœur. Nous avons donc voulu
» fçavoir fi vous marchiez dans les té-
» nebres ou dans la lumiere ; & après
» l'examen le plus attentif, nous avons
» découvert que pendant tant d'années
» vous avez cru de cœur, & fouvent
» foutenu de bouche telle & telle héré-
» fie, comme, *que la Vierge après*
» *avoir donné naiffance à Jefus-Chrift, a*
» *eu encore d'autres enfans de S. Jofeph,*
» &c. Or, comme Dieu permet quel-
» quefois les héréfies, pour que les Ca-
» tholiques & les Sçavans s'exercent
» dans l'étude des Saintes Ecritures, &
» que ceux qui tombent deviennent plus
» humbles, & s'exercent dans les œu-
» vres de pénitence, nous fçavons que
» touché de nos exhortations, vous
» avez abjuré, & que vous abjurez &
» déteftez vos erreurs ; nous levons
» donc la Sentence d'excommunication
» majeure que vous aviez encourue,
» & nous vous réconcilions à l'Eglife,
» parce que nous fuppofons que votre
» converfion eft fincère ; Mais il feroit
» horrible, que les injures faites au

» Maître du Ciel & de la terre, ne fuf-
» fent pas vangées, tandis qu'on punit
» celles qu'on fait à la majefté des Rois ;
» afin donc que Dieu ait pitié de vous,
» que vous ferviez d'exemple aux au-
» tres, & que vous foyez déformais plus
» circonfpect, voici la Sentence que
» nous prononçons contre vous, en
» vous laiffant, par grace, la vie que
» vous aviez mérité de perdre.

» 1°. Vous allez être revêtu d'un ha-
» bit brun, fait comme un fcapulaire de
» Moine fans capuchon, avec des croix
» jaunes devant & derriere, longues de
» deux palmes, & larges d'une demie-
» palme. Vous porterez cet habit & ces
» croix fur vos autres habits pendant
» toute votre vie ; & lorfque l'habit &
» les croix feront ufés, vous ne man-
» querez pas d'en faire faire un autre,
» parce que les croix font le fymbole
» de la pénitence ; & loin de les avoir
» en horreur, vous devez les aimer,
» parce que Notre Seigneur Jefus a
» porté humblement la croix fur fes
» épaules.

» 2°. Dès que vous ferez revêtu de
» cet habit, & tout à l'heure, vous fe-
» rez placé dans un endroit élevé à la
» porte d'une telle Eglife, où vous de-

» meurerez jufqu'à l'heure du dîner , &
» depuis le premier coup de Vêpres juf-
» qu'au coucher du Soleil, expofé aux
» regards des allans & des venans.

» 3°. Vous ferez ainfi placé à la porte
» de telle ou telle Eglife, (celles où il
» va le plus de monde,) à telles & telles
» Fêtes de l'année.

» 4°. Nous vous condamnons à la pri-
» fon perpétuelle & à la nourriture au
» pain & à l'eau , nous réfervant ce-
» pendant d'adoucir cette pénitence ,
» de l'aggraver ou de la commuer, fe-
» lon notre bon plaifir.

Après la Sentence, l'Inquifiteur dira
en particulier à l'hérétique , » mon cher
» fils, fupportez votre Sentence avec ré-
» fignation , ne tombez pas dans le défef-
» poir , parce que je vous affûre , que fi
» vous montrez de la patience , vous
» éprouverez notre miféricorde ».

La Sentence lue, & pendant qu'on
habillera le coupable , l'Inquifiteur accordera quarante jours d'Indulgence à
à tous les affiftans , trois ans à ceux qui
ont contribué à la capture, l'abjuration,
la condamnation, &c. de l'Hérétique ,
& enfin trois ans auffi de la part de notre Saint Pere le Pape , à tous ceux qui
dénonceront quelqu'autre Hérétique.

Direct. part. 3.　　　　　F iv

L'Inquifiteur, comme on l'a vu, fe réferve dans la Sentence, le pouvoir d'adoucir & de commuer la pénitence, & il doit ufer de ce droit felon que le coupable montrera plus ou moins d'amendement, de patience & d'humilité; c'eft ce qu'on pourra faire envers les Hérétiques qui ont abjuré leur héréfie fans beaucoup de difficulté, & aux premiers avertiffemens des Inquifiteurs. On peut fe relâcher envers eux fur la nourriture au pain & à l'eau, fur la prifon perpétuelle, en leur donnant, par exemple, la Ville pour prifon; mais il ne faut jamais ufer d'indulgence fur l'article des croix, parce qu'elles font une pénitence falutaire pour ceux qui les portent, & pour les autres un grand fujet d'édification.

Si l'Inquifiteur, après s'être relâché en faveur d'un Hérétique pénitent fur l'article de la prifon perpétuelle, pouvoit craindre qu'il en réfultât quelque inconvénient pour les intérêts de la Religion, il pourra remettre de nouveau l'Hérétique en prifon, & l'y tenir enfermé pour toujours, quand même le motif de cette rigueur ne lui feroit point fourni par aucune nouvelle faute du coupable. On fent bien qu'il n'y auroit à cela aucune injuftice , les intérêts de la Foi & la caufe de Dieu étant préférables à toutes les autres confidérations. *Adnot. lib. 3. Sch. 62.*

Quant aux Hérétiques qui ont montré beaucoup d'obftination , comme leur abjuration & leur converfion font affez ordinairement fimulées , il faut les garder en prifon , & ne leur laiffer aucune communication avec les perfonnes foibles dans la Foi, qu'ils pourroient infecter , & fur-tout avec les femmes , qui fe laiffent féduire plus facilement.

C'eft dans cet efprit que le Concile de Narbonne dit élégament *eleganter docet*, qu'il faut enfermer entre quatre murailles les Hérétiques qui ont attendu que le temps de grace * fût écoulé, pour venir confeffer leur crime. Ce même Concile, dans les Inftructions qu'il donne à certains Inquifiteurs, ajoute : *Cependant , comme nous avons entendu dire que vous avez tant d'Hérétiques de cette efpece, qu'il vous feroit difficile de*

(*a*) Le tems de grace étoit un tems que les Inquifiteurs alors ambulans & arrivans dans un endroit, accordoient aux Hérétiques , avant de procéder contr'eux felon toute la rigueur des Loix.

trouver non-seulement l'argent, mais les pierres & le mortier nécessaires pour construire un nombre suffisant de cachots, il faudra différer de bâtir vos prisons, jusqu'à ce que vous ayez consulté le Souverain Pontife sur cela. Adnot. lib. 3. Schol. XII.

Quoique généralement parlant, l'hérétique pénitent doive être condamné à la prison perpétuelle, il y a cependant quelques exceptions à cette regle, & on se relâche de cette rigueur, 1°. envers ceux qui reviennent à l'Eglise avant d'être accusés ou dénoncés, 2°. envers ceux qui tout de suite après avoir été pris, confessent leur crime, & font connoître d'autres hérétiques leurs complices ; 3°. ceux qui même quelque tems après avoir été saisis, mais avant qu'on leur objecte les dépositions des témoins, abandonnent leurs erreurs ; cependant dans ces deux derniers cas, il sera mieux & plus conforme au droit commun, de condamner l'hérétique à la prison perpétuelle, & de lui faire grace ensuite. C'est la Coutume de l'Inquisition de Rome. *Adnot. lib. 3. Schol.* 142.

Voici quelques observations utiles relativement aux prisons.

1°. Il y a une différence remarqua-

ble entre le Droit Civil & le Droit Canonique quant aux prisons. Selon le
Droit Civil, les prisons ne sont desti-
nées qu'à tenir sûrement ceux qu'on
doit juger , elles sont *ad custodiam.*
Dans le Droit Canonique, la prison
est souvent une peine *ad pœnàm·* Adnot. lib. 3. Schol. 116.

Cependant il faut prendre garde que
les cachots ne soient trop affreux &
trop mal sains, parce que si les prison-
niers venoient à y mourir , les Inquisiteurs deviendroient irrréguliers. C'est
la raison que donnent Zabarella, Locatus & d'autres célébres Docteurs. *Adnot.*
lib. 3. Schol. 116.

Au reste, il faut sçavoir que les Inquisiteurs & leurs Vicaires peuvent
s'absoudre les uns les autres de l'irrégularité dans laquelle ils pourroient
tomber sans y prendre garde. Ce droit
leur a été accordé par Urbain IV. *Di-*
rect. part. 9. pag. 358.

2°. L'obscurité & la dureté des cachots doivent être proportionnées à
la grandeur des crimes, & à la qualité des personnes. 3°. Il ne faut
point mettre les hommes & les femmes
ensemble. 4°. On peut mettre un mari
& sa femme dans le même cachot, lors-

qu'ils font condamnés enfemble ; mais fi l'un des deux eft innocent, la femme par exemple, on doit lui donner un libre accès auprès de fon mari. 5°. Il ne faut point mettre deux prifonniers dans le même cachot, à moins que l'Inquifiteur n'ait pour cela des raifons particulieres, parce que l'infortune commune forme bientôt entre deux coupables une liaifon étroite, & qu'ils étudient de concert les moyens de s'enfuïr, de cacher la vérité, &c. 6°. Les Inquifiteurs doivent vifiter de tems en tems les prifonniers, & leur demander fi on leur donne les chofes néceffaires, & s'ils font bien ou mal. Il eft même à propos que ces vifites foient fréquentes, lorfque le prifonnier fouffre impatiemment fa captivité ; car fi la vue d'un Juge eft terrible, un mot d'humanité & de compaffion de fa part, eft quelquefois une grande confolation.

Enfin il y a beaucoup d'autres pratiques utiles & fages, pour lefquelles nous renvoyons à l'ufage qui inftruira mieux que vos leçons, d'autant plus qu'il y a en ce genre certaines chofes qu'il eft important de ne point divulguer, & qui font affez connues des Inquifiteurs. *Decret. lib. 3. Schol.* 117.

CHAPITRE XIII.

De l'abandonnement des condamnés par l'inquifition à la Juftice Séculiere.

ON abandonne (*a*) à la Juftice Séculiere 1°. les relaps pénitens ; 2°. les hérétiques impénitens non relaps; 3°. les hérétiques impénitens & relaps ; 4°. les hérétiques négatifs, c'eft-à-dire, ceux qui convaincus par des preuves fuffifantes, s'obftinent à nier leur crime. 5°. les hérétiques contumax lorfqu'on peut les faifir , ce qu'on exécute fur leur effigie , lorfqu'on ne peut pas s'emparer de leur perfonne.

Des relaps pénitens. On appelle relaps proprement celui qui foutient de nouveau telle ou telle opinion hérétique, dont il avoit été convaincu, & qu'il

(*a*) L'abandonnement à la Juftice féculiere eft la derniere peine que prononce l'Inquifition : c'eft l'autorité féculiere qui décerne la peine de mort. Il eft vrai que les Magiftrats font excommuniés & traités comme hérétiques , s'ils ne mettent pas tout de fuite à mort les coupables qui leur font livrés ; mais les Inquifiteurs prétendent toujours qu'ils n'ont aucune parr à la mort de l'Hérétique , parce que les Loix qui les condamnent à perdre la vie, font l'ouvrage de la Juftice féculiere.

avoit abjurée ; mais outre les relaps proprement dits , il y a plufieurs autres cas où le criminel eft cenfé relaps & puni comme tel , & c'eft , 1°. lorfque fans avoir été véritablement convaincu la premiere fois , il retombe dans telle héréfie qu'il avoit abjurée comme *véhémentement* ou *violemment* foupçonné. 2°. Lorfqu'après avoir été véhementement ou violemment foupçonné d'une telle héréfie,& avoir abjuré l'héréfie en général, il retombe dans quelque héréfie que ce foit, même diftinguée de celle dont il avoit été foupçonné. 3°. Lorfqu'après avoir été véritablement convaincu d'avoir foutenu telle héréfie , & avoir abjuré d'après cette conviction , il communique avec des hérétiques. 4°. Lorfqu'après avoir abjuré feulement comme fufpect , il eft furvenu de nouvelles preuves contre lui , qui ont conftaté fon premier crime & qu'il communique avec des hérétiques ; parce que ces nouvelles preuves , quoiqu'acquifes depuis fon abjuration , font connoître que dès la premiere fois , cet homme étoit véritablement coupable d'héréfie , & qu'on l'a jugé trop favorablement , en ne le faifant abjurer que comme fufpect.

On voit que dans tous les cas où l'hérétique est censé relaps, on suppose toujours une hérésie particuliere & une abjuration précédente ; de plus, cette abjuration doit avoir été ordonnée, ou en vertu du soupçon véhément, ou en vertu du soupçon violent. Ancharanus & Matheus *de afflictis,* ont prétendu que l'abjuration précédente, ordonnée en vertu du soupçon léger, *de levi,* suffisoit pour faire regarder un hérétique comme relaps, lorsqu'après cette abjuration on découvre qu'il avoit effectivement soutenu l'hérésie, dont il étoit légerement soupçonné, & qu'il est retombé dans cette hérésie; mais cette opinion est trop rigoureuse, en ce qu'elle ne met point de différence entre la rechute après l'abjuration *de levi,* & la rechute après l'abjuration, de celui qui est véhémentement ou violemment soupçonné. *Direct. part.* 3. *quæst.* 58. *Adnot. lib.* 2. *Schol.* 64

La purgation canonique précédente, entraîne les mêmes suites que l'abjuration; c'est-à-dire, que lorsque l'Accusé s'est purgé d'une telle hérésie en particulier, s'il tombe dans cette même hérésie, il est censé relaps & puni comme tel. Ainsi, si un homme a été soupçonné de penſer *qu'on doit tolérer les hérétiques* , & que ſur ce ſoupçon on l'ait obligé de ſe purger canoniquement, s'il vient à ſoutenir la même erreur, il ſera cenſé relaps ; mais lorſqu'on a ordonné la purgation canonique que d'après le ſoupçon d'héréſie en général, ſi l'Accuſé tombe dans quelque héréſie en particulier , il eſt à la vérité puni très-ſéverement, mais il n'eſt pas abandonné , au moins pour la premiere fois , à la Juſtice Séculiere. Je dis *au moins pour la premiere fois*, car ſi ces rechutes étoient fréquentes , alors je crois qu'il faudroit le traiter comme relaps. *Adnot. lib. 3. Schol.* 52.

Les relaps donc, lorſque la rechute eſt bien conſtatée, doivent être livrés à la Juſtice ſéculiere, quelque proteſtation qu'ils faſſent pour l'avenir, & quelque repentir qu'ils témoignent *ſine audientiâ quâcumque*. Direct. part. 2. quæſt. 40. part. 3. p. 331.

En effet, c'eſt aſſez que de pareilles gens ayent trompé une ſeule fois l'Egliſe par une fauſſe converſion. *Adnot. lib. 2. Schol.* 64.

On doit d'abord envoyer au coupable des gens de bien qui l'entretiendront du mépris du monde, des miſeres de cette vie, de la gloire & des joies du Paradis. Après ce préambule, ils lui feront entendre qu'il ne lui est pas possible d'éviter la mort temporelle, & qu'il faut qu'il mette ordre aux affaires de sa conscience, &c. On lui accordera les Sacremens de Pénitence & d'Eucharistie s'il les demande avec humilité. L'Inquisiteur ne paroîtra pas devant lui, parce que sa présence pourroit le mettre en fureur & le détourner des sentimens de patience & de pénitence qu'on doit lui inspirer.

Après avoir ainsi employé quelques jours à disposer le coupable à la mort, l'Inquisiteur fera avertir la Justice Seculier, qu'un tel jour, à telle heure & dans tel lieu, on lui livrera un hérétique, & on fera annoncer au peuple qu'il ait à se trouver à la cérémonie, parce que l'Inquisiteur fera un sermon sur la foi, & que les assistans y gagneront les indulgences accoutumées. *Direct. part.* 3. p. 331,

La Sentence contre l'Hérétique pénitent & relaps se prononcera dans la forme suivante : Nous, Frere N. de l'Ordre des Prêcheurs, Inquisiteur contre » les Hérétiques délégué par le Saint » Siége, nous sommes bien & duement

» informés que vous, N. natif d'un tel en-
» droit, dans un tel Diocèse, & accusé de
» telle & telle hérésie, aviez été convain-
» cu de les avoir effectivement soutenues ;
» & que devenu plus sage, vous les aviez
» abjurées. On nous avoit rapporté
» depuis que vous étiez retombé dans
» ces mêmes erreurs : nous avons exa-
» miné la chose avec soin, & nous avons
» reconnu que vous êtes en effet relaps.
» Comme vous revenez au giron de l'E-
» glise, & que vous abjurez votre hérésie,
» nous vous accordons les Sacremens
» de la Pénitence & de l'Eucharistie que
» vous demandez avec humilité, mais
» l'Eglise de Dieu ne peut plus rien faire
» de vous, après que vous avez abusé
» déjà de ses bontés...... A ces causes,
» nous vous déclarons relaps, nous
» vous rejettons du for de l'Eglise ; &
» nous vous livrons à la Justice sécu-
» lière, en la priant néanmoins, & cela
» efficacement, de modérer sa Senten-
» ce, ensorte que tout se passe envers
» vous sans effusion de sang, & sans
» danger de mort. « *Direct. part.* 3. pag.
332 & 333.

Cette priere que l'Inquisiteur fait à la
Justice séculiere, que tout se passe sans
effusion de sang, doit être soigneuse-

ment mise en usage, afin que les Inquisiteurs ne tombent pas dans l'irrégularité. Covarruvias indique une autre précaution utile pour cela. Il dit qu'au lieu
de livrer *tradere*, les Hérétiques au bras
séculier, il seroit plus sûr de les condamner en présence du Juge laïc, de les
chasser du for de l'Eglise, *damnatos à pro-
pria Jurisdictione dimittere*, afin que sur
le champ, *ut denique statim*, le Juge Séculier les reçoive & les punisse du dernier supplice, *judex secularis eos recipiat
& ultimo supplicio afficiat*. C'est effectivement ce qui s'observe dans la pratique.

Quant à l'intercession de l'Inquisiteur
auprès du Juge séculier, en lui livrant
l'Hérétique, quoique, comme on vient
de le voir, elle ne soit que de forme, on
peut demander si l'Inquisiteur peut la
faire en sûreté de conscience, vu qu'il
est défendu par plusieurs Loix d'intercé-
der en faveur des Hérétiques ; mais
nous répondons : qu'à la vérité il ne seroit pas permis d'employer pour un Hérétique une intercession qui seroit de
quelqu'avantage pour lui, ou qui ten-
droit à empêcher la justice qu'on doit
tirer de son crime ; mais bien celle dont
le but est de soustraire l'Inquisiteur à l'ir-

régularité qu'il encourroit. *Adnot. liv.*
2. *Schol.* XVII.

Selon quelques Auteurs, il ne faut
pas lire les Sentences des condamnés
dans l'Eglise, parce qu'elles conduisent
à la mort. Mais l'illustre & le sçavant
Docteur Martin d'Aspilcueta, dans son
Manuel, soutient l'opinion contraire par
d'assez bonnes raisons ; cependant il faut
convenir qu'une grande place, où l'on
peut dresser des échaffauts ou estrades
très-élevées, & où un grand Peuple peut
se rassembler, est encore plus conve-
nable que les Eglises mêmes qui sont
rarement assez grandes & assez commo-
des. C'est pour cela qu'en Espagne on
fait toujours ces cérémonies hors de l'E-
glise. *Adnot. lib 3. Sch. 63.*

Lorsque le Coupable aura été livré à
la Justice séculiere, celle-ci prononcera
sa Sentence, & le Criminel sera conduit
au lieu du supplice : des personnes pieu-
ses l'accompagneront, l'associeront à
leurs prieres, prieront avec lui, & ne
le quitteront point qu'il n'ait rendu son
ame à son Créateur. Mais elles doivent
bien prendre garde de rien dire ou de
rien faire qui puisse hâter le moment de
sa mort, de peur de tomber dans l'irrégularité. Ainsi, on ne doit point exhor-

rer le criminel à monter fur l'échaffaut, ni à fe préfenter au bourreau, ni avertir celui-ci de difpofer les inftrumens du fupplice, de manière que la mort s'enfuive plus promptement, & que le Patient ne languiffe point, toujours à caufe de l'irrégularité. *Direct. part.* 3. p. 332, 333. *Adnot. lib.* 3, *Sch.* 63.

Quelques Jurifconfultes ont prétendu que les Magiftrats laïcs, après avoir reçu les Hérétiques qui leur font abandonnés par l'Inquifition, peuvent fe difpenfer de porter contre eux la Sentence de mort. Mais leur opinion eft combattue par tous les Canoniftes, appuyée d'ailleurs fur les Conftitutions des Souverains Pontifes. Boniface VIII, Urbain IV & Alexandre IV. Si donc les Magiftrats différoient trop long-tems l'exécution des Criminels, il faudroit les regarder comme fauteurs des Hérétiques, & pourfuivre comme tels ceux qui fe rendroient coupables d'un auffi grand crime.

Nous difons, s'ils différoient trop long-tems; car il y a des Pays où l'ufage établi eft de différer l'exécution de quelques jours, comme en Italie. On y conduit les Criminels dans les prifons après la Sentence du Saint Office, après quoi on les en tire un jour ouvrier pour les brûler. Le Pape Innocent IV, dans sa Bulle *Ad extirpanda*, accorde jusqu'à cinq jours de délai, par où l'on voit que les Magistrats qui différent seulement l'exécution pendant quelques jours, ne doivent pas être regardés comme fauteurs d'héréfie.

En Espagne l'usage est que la Justice séculiere, aussi-tôt après que la Sentence des Inquisiteurs est portée, prononce elle-même la sienne, & conduit les coupables droit au lieu du Supplice. *Adnot. lib. 3. Sch. 99.*

Dans quelques Inquisitions du monde Chrétien on ne livre point les Hérétiques à la Justice séculiere les jours de Fête. Je ne prétends pas blâmer les coutumes louables en usage dans les différens Tribunaux du Saint Office; cela est assez indifférent, pourvu que l'Hérétique soit puni du supplice qu'il a mérité : mais je prendrai la liberté de dire que j'approuve beaucoup qu'on fasse cette cérémonie les jours de fêtes, parce que, comme le dit très-bien Joannes Andréas, il est utile qu'une grande multitude soit présente au supplice & aux tourmens des Coupables, afin que la crainte les détourne du mal. C'est fans doute cette raifon qui a déterminé les Tribunaux d'Efpagne à choifir les jours de Fête pour les actes de Foi. La préfence des Chapitres, des Eglifes & des Magiftrats y rend la cérémonie très-éclatante. C'eft un fpectacle qui remplit les affiftans de terreur, & une image effrayante du Jugement dernier. Or cette crainte eft le fentiment qu'il convient le mieux d'infpirer, & on en retire les plus grands avantages. *Adnot. lib. 3 , Schol.* 63.

Perfonne ne doute qu'il ne faille faire mourir les hérétiques, mais on peut demander quel genre de fupplice il convient d'employer. Alfonfus Caftrus, *lib.* 2 , *de juftâ hæreticor. punitione*, penfe qu'il eft affez indifférent de les faire périr par l'épée, ou par le feu, ou par quelqu'autre fupplice; mais Hoftienfis, Godofredus, Covarruvias, Simancas, Roïas, &c. foutiennent qu'il faut abfolument les brûler. En effet, comme le dit très-bien Hoftienfis, le fupplice du feu eft la peine due à l'héréfie. On lit dans Saint Jean, chap. 15 : *Si quis in me non manferit mittetur foras ficut palmes & arefcet, & colligent eum & in ignem mittent & ardet..* » Celui qui ne demeure » pas en moi fera jetté dehors comme » un farment, & il féchera, & on le

» ramaſſera , & on le jettera au feu , &
» il brûle. Ajoutons que la coutume
univerſelle de la République chrétienne
vient à l'appui de ce ſentiment. Sima-
noas & Roïas ajoutent qu'il faut les brûler vifs , mais il y a une précaution qu'il
faut toujours prendre en les brûlant ,
c'eſt de leur attacher la langue ou de
leur fermer la bouche , afin qu'ils ne
ſcandaliſent pas les aſſiſtans par leurs
impiétés. *Adnot. lib.* 2 , *ſch. XLVII. &
Direct. lib.* 1.

Quelquefois des hérétiques deviennent fóus avant l'exécution de leur
Sentence , quelques Auteurs ont prétendu qu'il falloit profiter des interval-
les lucides qu'ils peuvent avoir pour les
conduire au ſupplice ; mais dans des cas
ſemblables il eſt plus ſûr de conſulter le
ſouverain Pontife. *Adnot. lib.* 3 , *ſch.
XXV.*

Des Hérétiques impénitens non relaps.

L'hérétique impénitent non relaps
eſt abandonné , comme le relaps , à la
Juſtice ſéculiere. Il faudra tâcher d'a-
bord de le convertir ; on pourra lui
envoyer des Prêtres & des Religieux
qui diſputent avec lui la Bible à la main...

il ne faut pas ſe preſſer de le livrer au bras ſéculier. On le tiendra d'abord dans un cachot obſcur & incommode, bien ſerré dans les fers. S'il réſiſte à cette épreuve, on cherchera à le ramener par d'autres moyens, en le traitant avec un peu plus de douceur, en le mettant dans une bonne chambre, en lui donnant un peu mieux à manger, & en lui promettant que s'il ſe convertit on le recevra avec miſéricorde; s'il ne donne aucun ſigne de changement après quelques jours, on laiſſera venir auprès de lui ſes enfans, s'il en a, ſurtout les plus jeunes, & ſa femme pour l'attendrir; ſi tout cela eſt inutile, on le livrera au bras ſéculier. *Direct. lib.* 3, *pag.* 344.

S'il arrivoit que l'hérétique prêt à être attaché au pieu pour être brûlé, donnât des ſignes de converſion, on pourroit peut-être le recevoir par grace ſinguliere, & l'enfermer entre quatre murailles comme les hérétiques pénitens, quoiqu'il ne faille pas ajouter beaucoup de foi à une pareille converſion, & que cette indulgence ne ſoit autoriſée par aucune diſpoſition au droit, mais cela eſt fort dangereux; j'en ai vu un exemple à Barcelonne.

Un Prêtre condamné avec deux autres hérétiques impénitens, & déja au
milieu des flammes, cria qu'on le re-
tirât & qu'il vouloit fe convertir ; on
le retira en effet, déja brûlé d'un côté ;
je ne dis pas qu'on ait bien ou mal fait,
ce que je fçai, c'eft que quatorze ans
après on s'apperçut qu'il dogmatifoit
encore, & qu'il avoit corrompu beaucoup de perfonnes, on l'abandonna
donc une autre fois à la Juftice, &
il fut brûlé. *Direct. part.* 3, *p.* 335.

Aujourd'hui on n'ufe plus d'une pareille indulgence envers les hérétiques
qui fe convertiffent après avoir été livrés à la Juftice féculiere, parce qu'on
préfume que ces converfions ne font
pas l'effet du regret d'avoir offenfé
Dieu, mais de la crainte du feu qui eft
allumé fous les yeux des coupables ;
ainfi quand ils promettroient mille &
mille fois de fe convertir, il eft toujours
plus fûr de ne les entendre en aucune
maniere. L'inftruction faite en 1561 à
l'ufage des Inquifitions d'Efpagne, avertit fagement de ne pas recevoir, même
les hérétiques négatifs qui fe convertiffent au fortir de la prifon avant que
leur Sentence leur foit prononcée ; or
les impénitens ne doivent pas être trai-

tés plus favorablement que les négatifs, & il n'y a rien de plus juste, puisqu'avant de les produire en public on est censé avoir fait les plus grands efforts pour les convertir. *Adnot. lib. 3, sch. 27, & schol. 63.*

On peut nous faire l'objection suivante :

Lorsqu'on punit de mort un hérétique impénitent, on perd son ame, & c'est sans doute un plus grand mal de perdre une ame que de laisser l'hérétique impuni. A cela on peut répondre, lorsqu'on brûle un hérétique ; ce n'est pas seulement pour son bien, mais principalement pour l'édification & le bien spirituel du peuple catholique, & le bien public est préférable à l'avantage particulier de cet homme qu'on damne en le faisant mourir impénitent. *Adnot. lib. 3, schol. XXV.*

Des Hérétiques impénitens & relaps.

L'hérétique impénitent & relaps est livré à la Justice féculiere comme les précédens.

Voici ce qu'on doit observer à son égard.

Il faudra le tenir dans un cachot bien

incommode & bien fûr, bien ferré dans
les fers & attaché avec une chaîne, de
peur qu'il ne s'échappe & qu'il n'en
aille gâter d'autres. L'Inquifiteur le fera
fouvent comparoître, & tâchera de le
convertir; que fi on en vient à bout
avec la grace de Dieu, il faudra cependant lui faire entendre par quelques
gens de bien, qu'il ne peut pas éviter la
mort temporelle, & qu'il mette ordre
aux affaires de fa confcience. Lorfqu'on
lui aura donné un tems fuffifant pour fe
difpofer à la mort, (qu'il fe repente
ou non,) on le livrera à la Juftice féculiere, en lui prononçant fa Sentence
dans la forme qui fuit :

» Nous, Frere N. de l'Ordre des Prê-
» cheurs, Inquifiteur de la foi, &c. Vous
» étiez déja tombé dans plufieurs héré-
» fies, vous aviez paru vous repentir,
» l'Eglife vous avoit abfous, & vous
» avoit r'ouvert fon fein ; mais nous
» avons appris avec bien du chagrin que
» vous êtes retombé dans les erreurs
» que vous aviez abjurées. Nous avons
» examiné la chofe avec le plus grand
» foin, nous avons conftaté votre re-
» chûte ; nous défirions de tout notre
» cœur, comme nous défirons encore,
» de vous faire rentrer dans le fein de

» l'Eglife, & Dieu nous eft témoin des
» grands efforts que nous avons fait pour
» cela ; mais féduit par le malin Efprit ,
» vous avez mieux aimé brûler éternel-
» ment dans les enfers , & être brûlé
» ici bas , que de renoncer à vos damna-
» bles & criminelles erreurs. C'eft pour-
» quoi comme l'Eglife ne peut plus rien
» faire de vous, & qu'elle a épuifé inuti-
» lement envers vous toutes fes reffour-
» ces pour la converfion des pécheurs ,
» nous vous déclarons relaps & impé-
» nitent, & nous vous abandonnons à la
» Juftice féculiere , en priant cependant
» ladite Cour, & cela efficacement, que
» tout fe paffe envers vous fans danger
» de mort & fans effufion de fang , &c.

De l'hérétique négatif.

On donne ce nom à l'hérétique convaincu par des témoignages fuffifans
qui nie fon crime, & on le livre au bras
féculier. La raifon de cela eft que celui
qui nie le crime dont il eft convaincu ,
eft évidemment impénitent. *Direct.* 2 ,
part. quæft. 34.

Il faut cependant examiner les témoins avec le plus grand foin, donner du tems à l'Accufé pour qu'il fe

détermine à avouer; & employer les meilleurs moyens pour obtenir cet aveu; par exemple, il faudra le tenir dans un cachot incommode, les fers aux pieds & aux mains, & là l'exhorter souvent à confesser son crime. S'il avoue, on le traitera comme l'hérétique pénitent, (en supposant cependant qu'il ne soit pas relaps;) s'il s'obstine à nier, il sera livré à la Justice séculiere, & traité comme l'hérétique impénitent.

La Sentence contre l'hérétique négatif, & les cérémonies qui précédent & qui suivent l'abandonnement qu'on en fait à la Justice séculiere, sont à peu de choses près semblables à ce qui s'observe pour l'hérétique impénitent.

Si l'hérétique avouoit lorsqu'il sera prêt à être brûlé & déja arrivé au lieu du supplice, quoique cette conversion doive être regardée comme l'effet de la crainte de la mort, plutôt que de l'amour de la vérité, on pourra lui accorder la vie, en l'enfermant entre quatre murailles. Les Loix n'obligent cependant pas les Inquisiteurs à avoir cette indulgence. *Direct. part.* 3, *p.* 336 & 337.

Lorsque les hérétiques négatifs protestent qu'ils croyent fermement tout ce que croit l'Eglife Romaine, quelques Auteurs prétendent qu'on ne doit pas les abandonner a la Juftice féculiere ; mais cette opinion n'eft pas recevable : elle eft rejettée prefqu'univerfellement. A la raifon que nous avons donnée plus haut, que l'Hérétique négatif eft impénitent, on peut en ajouter beaucoup d'autres également fortes. L'Hérétique négatif ne fatisfait pas à l'Eglife qui exige de lui une fatisfaction ; il ne fe corrige point, & on ne peut accorder le pardon qu'à l'amendement. Enfin il ne confeffe pas fon crime, & la confeffion du péché eft néceffaire pour en obtenir le pardon, & pour montrer de dignes fruits de pénitence.

Après tout, fi quelqu'innocent eft condamné injuftement, il ne doit pas fe plaindre du jugement de l'Eglife, qui a jugé d'après des preuves fuffifantes, & qui ne lit pas dans les cœurs ; & fi de faux témoins l'ont fait condamner, il doit recevoir fa Sentence avec réfignation, & fe réjouir de mourir pour la vérité. *Adnot. lib. 3. Sch. 66.*

Il fe préfente ici une belle queftion à traiter : on demande fi celui qui eft innocent & condamné en conféquence

de la dépofition de faux témoins , peut
avouer le crime qu'il n'a pas commis ,
& fe couvrir de l'ignominie que l'héréfie entraîne , pour éviter la mort. Il
femble d'abord que la réputation étant
un bien extérieur, chacun eft le maître
de le facrifier pour éviter les tourmens
qui font un mal , ou racheter fa vie qui
eft le plus précieux de tous les biens ;
d'ailleurs en perdant ainfi fa réputation,
on ne fait tort à perfonne.

Mais ces raifons ne nous paroiffent
pas fuffifantes. Celui qui s'accufe ainfi
commet au moins un péché véniel contre la charité qu'il fe doit à lui-même ,
il fait un menfonge en avouant un crime qu'il n'a pas commis ; ce menfonge
eft furtout criminel lorfqu'on le fait à
un Juge qui interroge juridiquement ,
car c'eft alors un péché mortel ; &
quand ce ne feroit qu'un péché véniel,
il ne feroit pas encore permis de le
commettre pour éviter la mort & les
tourmens; ainfi, quoiqu'il doive paroître bien dur à un innocent condamné comme hérétique négatif, de mourir , dans des cas femblables, le Con-
feffeur qui l'exhorte doit lui faire entendre qu'il ne lui eft pas permis de
s'accufer fauffement , & que s'il fouffre

le supplice & la mort avec résigna-
tion , il obtiendra la couronne im-
mortelle du martyre. *Adnot. lib.* 3 *, sch.*
68.

De l'Hérétique fugitif & contumax.

Lorsque l'hérétique contumax & fugitif ne comparoît pas après les citations qu'on a vu plus haut , soit qu'il ait
été convaincu , ou qu'il soit simplement
contumax , on le livre à la Justice séculiere comme hérétique impénitent, par
la Sentence suivante.

» Nous, Frere N. Inquisiteur , consi-
» dérant que vous N. natif d'un tel en-
» droit, dans un tel Diocèse , étiez dé-
» feré à notre Tribunal comme cou-
» pable d'hérésie par le bruit public &
» par l'insinuation de gens dignes de foi ;
» pour remplir les devoirs de notre
» charge, nous avons voulu rechercher
» si le bruit qui étoit venu jusqu'à nos
» oreilles étoit fondé , & si vous mar-
» chiez dans la lumiere ou dans les ténè-
» bres. Nous vous avons fait appeller
» devant nous , vous avez avoué vo-
» tre crime , & promis d'abjurer vos er-
» reurs & de vous soumettre aux péniten-
» ces que nous voudrions vous imposer.

G v

» Mais féduit depuis par les artifices du
» démon, & craignant les remedes falu-
» taires, l'huile & le vin que nous nous
» préparions à appliquer à vos bleſſures,
» vous vous êtes enfui de votre prifon,
» & vous cachant tantôt dans un endroit
» & tantôt dans un autre, vous vous dé-
» robez à nos perquifitions, de maniere
» que nous ignorons abſolument où l'eſ-
» prit malin fuſdit vous a pû conduire.
(*Ce qu'on vient de voir, convient par-*
ticulierement à l'Hérétique convaincu,
qui s'eſt enfui de ſa prifon ; voici pour
l'Hérétique contumax & fugitif, qui n'eſt
pas encore tombé entre les mains du
Saint-Office, mais qui n'a pas voulu
comparoître.) » Nous vous avons cité,
» & vous, en fuivant un confeil infenfé,
» vous n'êtes point comparu.

  » Nous vous avons excommunié,
» vous avez foutenu l'excommunication.
» La fainte Eglife de Dieu a attendu inu-
» tilement que vous revinſſiez au fein
» de ſa miſéricorde, fi vous aviez quitté
» vos erreurs, elle fe difpofoit à vous
» nourrir avec les mamelles de ſa clé-
» mence ; mais tous fes foins pour vous
» ont été inutiles.

  » Nous vous avons menacé de pronon-
» cer enfin contre vous une Sentence dé-

» finitive; le refus obstiné que vous fai-
» tes de comparoître nous montre assez
» que vous voulez demeurer toujours
» dans vos erreurs, ce qui nous cause
» une grande douleur. Mais comme nous
» ne pouvons pas tolérer davantage une
» si grande désobéissance à l'Eglise de
» Dieu, après un mûr examen de votre
» cause, nous, assis dans notre Tribunal,
» les saints Evangiles placés sous nos
» yeux, afin que notre Jugement sorte
» de la face du Seigneur, & que nos yeux
» voyent l'équité, ayant pour guide la
» vérité irréfragable de la religion, &
» pour modele le bienheureux S. Paul,
» nous portons contre vous la Sentence
» suivante :

» Le nom de Jesus-Christ invoqué . . .
» Nous vous déclarons hérétique obsti-
» né & impénitent, & comme tel nous
» vous abandonnons à la Justice sécu-
» liere, en priant cependant affectueu-
» sement, *affectiosius*, la Justice susdite,
» si jamais elle peut vous avoir en sa
» puissance, de modérer sa Sentence
» envers vous, de maniere que tout se
» passe sans danger de mort & sans effu-
» sion de sang. *Direct. part.* 3.

G vj

CHAPITRE XIV.

Des Crimes foumis à la Jurifdiction du Saint-Office.

TOUT hérétique en général eſt foumis à l'animadverſion du Saint-Office, mais il y a certains genres de crimes qui ne ſont pas héréſie proprement dite, & qui rendent cependant celui qui en eſt coupable, juſticiable de l'Inquiſition. Voici quelques détails ſur cela.

1°. Les blaſphémateurs qui dans leurs blaſphêmes, diſent des choſes contraires à la foi chrétienne, doivent être regardés comme hérétiques; & comme tels, ils ſont foumis au jugement des Inquiſiteurs, & punis des peines de droit; par exemple, celui qui dit, *la faiſou eſt ſi vilaine que Dieu même ne pourroit nous donner du beau temps*, péche en matiere de foi contre le premier article du Symbole. *Direct. 2. part. quæſt. 41.*

Quelques Auteurs ont prétendu que ceux qui blaſphêment dans l'yvreſſe, peuvent être punis comme hérétiques lorfque leur yvreffe eft paffée , parce qu'on doit croire qu'ils ne laiffent échapper que des opinions qu'ils avoient dans leur bon fens , mais ce fentiment eft trop févere ; il faut cependant infliger quelque peine à ceux qui tombent dans de pareilles fautes.

Mais cette indulgence ne doit s'employer qu'envers ceux qui étoient dans une yvreffe entiere ; & non pas envers un homme entre deux vins , comme l'a très-bien remarqué Campegius. *Adnot. lib. 3. Schol. 17.*

On peut compter parmi les blafphémateurs , ceux qui font des plaifanteries contre la foi , contre Dieu & fes Saints. C'eft auffi à l'Inquifiteur qu'il appartient de les punir. A la vérité les loix n'ont pas réglé la peine qu'on doit décerner dans des cas pareils. Il ne paroît pas qu'on doive les punir comme des hérétiques véritables, parce que pour conftituer l'héréfie , il faut erreur dans l'entendement & obftination dans la volonté , ce qui ne fe trouve pas dans les plaifanteries. Si cependant une perfonne après avoir dit en plaifantant, *fi je n'ai point de femme en ce monde, j'en aurai une dans l'autre* , foutenoit cette extravagance , alors il rentreroit dans la claffe des hérétiques.

C'eft auffi un crime énorme que de faire des applications profanes des paroles de l'Ecriture fainte, ou de les employer comme on le fait quelquefois en amour pour toucher le cœur d'une femme. *Adnot. lib. 3. Schol. 17.*

2°. Les Sorciers & Devins font jufticiables du Saint-Office. Lorfque dans leurs fortileges ils font des chofes qui fentent l'héréfie, comme de rebaptifer les enfans, d'encenfer une tête de mort, &c. mais s'ils fe contentent de deviner l'avenir par la chiromantie, ou infpection des mains, ou en tirant à la courte paille, ou en confultant l'aftrolabe, il n'y a là que fimple fortilege, & c'eft au Juge Séculier à les punir. *Direct. 2. part. quæft. 52.* On peut placer parmi ces derniers, ceux qui donnent des breuvages aux femmes pour s'en faire aimer. *Ibid. quæft. 43.*

3°. Ceux qui invoquent les Démons, & dont on peut faire trois claffes. La premiere de ceux qui rendent aux démons un culte de latrie, en facrifiant, en fe proſternant, en chantant des prieres, en gardant la continence ou en jeûnant en fon honneur, en allumant des cierges, en brûlant de l'encens, &c.

La seconde est de ceux qui se contentent de rendre au diable un culte de
Dulie ou d'Hyperdulie, en mêlant les
noms des diables aux noms des Saints
dans des litanies, en les priant d'être
leurs médiateurs auprès de Dieu, &c.
La troisieme classe comprend ceux qui
invoquent les démons, en traçant des
figures magiques, en plaçant un enfant
au milieu d'un cercle, en se servant
d'une épée, d'une couche, d'un mi-
roir, &c. En général on peut recon-
noître assez facilement ceux qui invoquent les démons, à leur regard fa-
rouche, & à un air terrible que leur
donnent les entretiens fréquens qu'ils
ont avec les diables.

Tous ceux qui invoquent les démons
de l'une de ces trois manieres, sont sujets
à la Jurisdiction du Saint-Office comme
hérétiques, & doivent être punis comme tels.

En effet, l'*invocation* qui se trouve
dans les trois cas que nous venons d'expliquer, est toujours un acte d'héresie
de quelque maniere qu'on la pratique.
Direct. part. 2. *quæst.* 43.

Si cependant on ne demandoit au
diable que des choses qui sont de son
métier, comme de tenter une femme

du péché de luxure, pourvû qu'on n'emploie pas les termes d'*adoration* & de *priere* ; mais ceux de *commandement*, il y a des Auteurs qui pensent qu'en ce cas on ne se rend pas coupable d'héréfie. *Ibid.*

D'après cette derniere observation, si en invoquant le diable, pour rendre par exemple une femme fensible à l'amour, le faifeur de fortileges se fert de l'impératif; *je te commande*, je *t'ordonne*, *j'exige*, &c. l'héréfie n'eft pas là bien marquée; mais fi il dit, je *te prie*, je *te conjure*, je *te demande*, &c. l'héréfie eft manifefte, parce que ces paroles de prieres fuppofent & renferment l'adoration. *Ibid.*

Parmi ceux qui invoquent les démons, on peut compter les Aftrologues & les Alchymiftes, qui lorfqu'ils ne peuvent pas parvenir aux découvertes qu'ils cherchent, ne manquent pas de recourir au diable, lui font des facrifices & l'invoquent, ou expreflément ou tacitement. *Direct. part.* 3. p. 293.

L'alchymie conduit fur-tout à l'invocation des démons ceux qui s'y livrent fans argent ; car fi un homme riche & puiffant cherche à faire de l'or, on peut abfolument fe difpenfer de le foupçonner de magie ; mais les Alchymiftes qui n'ont pas de grands moyens , fe ruinant communément dans leurs entreprifes , fe mettent ordinairement ou à invoquer les démons ou à faire de la fauffe monnoie.

Les Chymiftes s'éleveront peut-être contre moi ; mais il faut confidérer que je ne fuis pas feul de mon fentiment, & que des Auteurs très-graves & très-fçavans ont penfé de même.

Je ne vois pas d'ailleurs ce qu'ils peuvent répondre à l'autorité du Pape Jean XXII, qui dans fa conftitution, *Spondent quas non exhibent divitias pauperes Alchymiftæ* , décerne des peines très-féveres contre ceux qui vendent de l'or ou de l'argent fait par les Alchymiftes. *Adnot. lib. 3. Schol. 32.*

5°. Les Juifs & les infideles ; les premiers, lorfqu'ils péchent contre leur croyance dans les articles de leur foi, qui font les mêmes chez eux & chez nous, comme quand ils facrifient aux démons , ce qui eft attaquer l'unité de Dieu , dogme commun aux Juifs & aux Chrétiens.

Une autre raifon démontre que les Juifs doivent être foumis à l'animadverfion des Inquifiteurs , lorfqu'ils attaquent les dogmes communs entr'eux & nous. On sçait que les enfans des Juifs qui ont reçu le baptême, ou même les adultes qu'on a obligés par des menaces ou par la confiscation de leurs biens, ou à force de coups, ou même par la crainte de la mort à recevoir le baptême, doivent être contraints d'observer les promesses qu'ils ont faites en recevant la foi de Jesus-Christ ; à plus forte raison peut-on les obliger d'être fidéles à Dieu dans les engagemens qu'ils ont contracté librement, d'observer ses préceptes moraux, & de croire en lui, d'autant plus qu'ils ont reçu par-là la foi chrétienne *en figure* , comme le dit très-bien S. Thomas. *Direct. part.* 2. *quæst.* 46.

On peut même étendre ce droit des Inquisiteurs, aux circonstances où les Juifs ne pécheroient que contre la foi chrétienne, parce qu'alors par le délit même qui est ecclésiastique, ils se soumettent aux Juges ecclésiastiques, ils cessent d'être étrangers à l'Eglise, & on ne peut plus leur appliquer la maxime de l'Apôtre Saint Paul, que l'Eglise ne juge point ceux qui sont hors de son sein, *de his qui foris sunt ;* ce qui est vrai sur-tout lorsque les crimes qu'ils commettent , peuvent entraîner les Chrétiens dans les mêmes excès. *Adnot. lib.* 2. *Schol.* 52.

· Quant aux Infidéles , l'Eglise & le Pape , & par conféquent l'Inquifiteur, Juge délégué par le Souverain Pontife, peuvent auffi les punir lorfqu'ils péchent contre la loi de nature , la feule qui leur refte , & même lorfqu'ils adorent les idoles. En effet les Sodomites furent punis par Dieu. Or on ne voit pas pourquoi le Pape , qui eft le Vicaire de Jefus-Chrift , ne pourroit pas faire la même chofe.

D'ailleurs , Jefus-Chrift a donné au Pape le pouvoir de paître fes brebis ; or les Infidéles font les brebis de Dieu par la création, ainfi le pouvoir du Souverain Pontife s'étend jufques fur les infidéles. C'eft la décifion des Docteurs.

6°. Les Excommuniés qui croupiffent dans l'excommunication pendant une année entiere ; ce qui ne doit pas feulement s'entendre de ceux qui ont été excommuniés pour caufe d'héréfie, ou comme fauteurs des Hérétiques , mais des Excommuniés, pour quelque caufe que ce foit ; en effet, le mépris de l'excommunication les rend fufpects d'héréfie , foit parce qu'on en peut légitimement conclure qu'ils ne penſent pas bien des Sacremens de l'Egliſe, dont ils ne s'embarraſſent pas de s'approcher comme les autres Fidèles, ſoit parce qu'on peut ſoupçonner qu'ils ne croyent pas au pouvoir des Clefs. *Direct. part. 2. quæſt. 47. Adnot. lib. 2. Sch. 13.*

7°. Les Chrétiens apoſtats, qui ſe font Juifs ou Mahométans, quand même ils apoſtaſieroient par la crainte de la mort & des ſupplices, ſans avoir aucun levain d'héréſie dans le cœur ſont Hérétiques aux yeux de l'Egliſe, qui les juge par les actes extérieurs. La crainte de la mort & des ſupplices, n'étant pas une crainte qui puiſſe affecter un homme ferme dans la Foi, ne ſçauroit excuſer l'apoſtaſie, ſelon ce que dit S. Auguſtin, qu'il vaut mieux mourir de faim que de ſe nourrir de viandes offertes aux Idoles. *Ibid. quæſt. 49.*

8°. Les fauteurs des Hérétiques, c'eſt-à-dire, ceux qui empêchent l'empriſonnement & la punition des Hérétiques; les Seigneurs temporels & les Magiſtrats, qui requis par les Inquiſiteurs, ne font pas empriſonner les Hérétiques; ou ne les puniſſent pas aſſez promptement, lorſqu'on les a abandonnés à la Juſtice ſéculiere, & enfin tous ceux qui

empêchent directement ou indirecte-
ctement l'exécution des Loix contre les
Hérétiques. On peut foupçonner d'être
fauteurs d'Hérétiques ceux qui les vifi-
tent, & qui leur donnent à manger,
ceux qui font mauvaife mine à Meffieurs
les Inquifiteurs, & qui les regardent
de travers. Un homme habile diftingue-
ra cela fans peine à leurs yeux & à leur
nés. Si l'on y prend garde, on verra
que ces geus-là ne peuvent pas fuppor-
ter la vue de ceux qui pourfuivent les
Hérétiques. C'eft une remarque du R. P.
Ivonet. *Adnot. lib.* 2, *Sch.* 59.

En excommuniant ou en puniffant les
Magiftrats & les Seigneurs temporels,
qui empêchent directement ou indirec-
tement, l'exécution des Loix contre les
Hérétiques, il faut que les Inquifiteurs
fe fouviennent toujours qu'ils ne font
pas les plus forts, & qu'ils ont befoin
du fecours de la Puiffance temporelle.
Ils doivent employer d'abord les voies
de la douceur; & enfin, lorfqu'il eft
queftion d'en venir aux dernieres ex-
trémités, il faudra confulter les Grands
Inquifiteurs & les Souverains Pontifes;
toutes ces attentions font fur-tout néceffaires lorfque ces Seigneurs & ces
Magiftrats ne dépendent pas de Princes

plus puiſſans qu'eux & zélés pour les intérêts de la Religion. *Adnot. lib.* 3. *Schol.* 5.

On regarde comme Fauteur celui qui ſauve un Hérétique des mains des Inquiſiteurs, qui l'avertit de s'enfuir, &c. (Il eſt puni par la confiſcation de tous ſes biens , & ſa maiſon eſt raſée.) Les Loix civiles ont réglé que ceux qui ſauvent des malfaiteurs des mains de la Juſtice , ne doivent pas être traités avec la même ſévérité , lorſque ces malfaiteurs ſont leurs parens ; mais le Répertoire des Inquiſiteurs *Paulus Grillandus* & d'autres Auteurs , penſent que cette Loi ne doit pas être étendue aux fauteurs des Hérétiques , à cauſe de l'énormité du crime d'héréſie : cependant on peut penſer que , lorſqu'on donne aſyle à un Hérétique en un pareil cas , c'eſt moins en faveur de l'héréſie qu'en faveur de la parenté ; & il faut ſans doute paſſer quelque choſe aux liens du ſang , & à la nature dont on n'étouffe pas facilement la voix. C'eſt le ſentiment le plus doux & le plus commun ; & il me paroît qu'on doit l'obſerver dans la pratique. Cependant il faut remarquer que , quoiqu'on doive punir alors le fauteur d'une peine moins févere, il faut toujours le punir. De plus, un fils qui donne asyle à son pere, ou une femme qui sauve son mari, &c. doivent être traités avec moins de rigueur que si la parenté est plus éloignée. Si un ami sauve son ami, ou une amante son amant, on peut aussi user de quelqu'indulgence ; parce que, comme le disent Ciceron, Baldus & Curtius, *l'amour est une fureur* ; mais il faut examiner avec soin, si l'amitié est vraiment grande, & si l'amour est violent.

Celui qui, lorsque les Inquisiteurs sont à la poursuite d'un Hérétique, feint d'être celui qu'on cherche, quoiqu'il soit Catholique, & se fait prendre pour favoriser l'évasion du coupable, est encore regardé comme Hérétique ; (ses biens sont confisqués, & il est condamné à la prison perpétuelle.)

Il faut dire la même chose de ceux qui ne dénoncent pas les Hérétiques (on excepte cependant de cette Loi une femme qui ne dénonce pas son mari, qui mange gras les jours maigres lorsqu'elle peut craindre qu'il ne l'assomât, s'il sçavoit qu'il a été dénoncé par elle. *Adnot. lib.* 2. *Sch.* LIX.

Enfin, les Juifs & les autres Infidèles,

qui pervertiffent les Chrétiens, font auffi regardés comme fauteurs d'héré-tiques, foumis pour cela à la Jurifdic-tion des Inquifiteurs, & punis des peines de droit.

Quoiqu'il foit défendu par plufieurs Décrétales, de donner quoique ce foit aux Hérétiques, on ne regarde pas com-me fauteur d'héréfie celui qui donne à manger à un Hérétique prêt à mourir de faim, parce qu'un tel homme peut encore fe convertir. *Direct. part.* 2.

Fin de l'Extrait du Directoire des Inquifiteurs.

HISTOIRE

DE

L'ÉTABLISSEMENT

DE L'INQUISITION

DANS LE ROYAUME

DE PORTUGAL,

TIRÉE de l'Ouvrage de Louis à Paramo, *Inquisiteur dans le Royaume de Sicile, intitulé :* De origine & progressu Officii Sanctæ Inquisitionis.

Matriti, *ex Typographiâ Regiâ*, 1589.

SOUS le regne de Jean premier, Roi de Portugal, l'an de notre salut 1408, le souverain Pontife Boniface IX. désirant d'établir dans ce Royaume des Tribunaux du Saint-Office sur le modele de ceux de Castille qui étoient en-

H

tre les mains des Dominicains, créa Inquifiteur général le R. P. Vincent de Lisbonne, Provincial de cet Ordre ; mais cet établiffement déchut en affez peu de tems.

Quelques années s'écoulerent, & le Pape Clement VII. informé par le Roi Jean I. que les Juifs & les Hérétiques commettoient toutes fortes d'impiétés dans le Portugal, nomma Inquifiteur dans ce Royaume le R. P. Didacus de Sylva, Minime de Saint François de Paule.

Le R. P. de Sylva ayant commencé à s'adonner aux fonctions de fon miniftere, plufieurs perfonnes confidérables qui fe virent dénoncées & pourfuivies, accuferent les Inquifiteurs de tyrannie & de cruauté auprès du Roi, & animerent tellement ce Prince, qu'il écrivit au Pape *que l'établiffement de l'Inquifition dans fon Royaume étoit contraire au bien de fes fujets, à fes propres intérêts, & peut-être même à ceux de la religion.*

Le Pape touché par les repréfentations d'un Prince trop facile, révoqua tous les pouvoirs accordés aux Inquifiteurs nouvellement établis, & autorifa Marc, Evêque de Sinigaglia, à abfoudre les Accufés, ce qu'il fit. On rétablit dans leurs offices & dignités ceux qui en avoient été privés , & on délivra beaucoup de gens de la crainte de voir leurs biens confisqués.

Cette libéralité & cette indulgence extrêmes encouragerent bientôt ces hommes aveugles & infensés à fe livrer aux plus grands excès , & le Roi Jean III. ne fut pas longtems fans déplorer la trop grande facilité de fes prédécesseurs. Il demanda donc au Pape Paul III , & obtint de ce Pontife de nouveaux Inquifiteurs; Mais fans leur accorder d'établissement absolument fixe, ces Inquifitions étant à peu près fur le pied des premieres établies vers l'an 1216 , lorfque les Inquifiteurs étoient encore ambulans. Envain les Empereurs & les fouverains Pontifes avoient follicité fouvent les Rois de Portugal de donner dans leurs Etats aux Tribunaux du Saint-Office la forme & la confiftance qu'ils avoient dès-lors dans les Royaumes de Caftille & d'Arragon. Ces Princes féduits par de mauvais confeils , n'avoient jamais voulu confentir à cet établissement fi falutaire à l'Eglife & à leur Royaume.

Mais que le Seigneur eft admirable dans fes voyes ! Ce que les Empereurs

& les souverains Pontifes n'avoient pû obtenir par tant d'instances, le Roi Jean l'accorda de lui-même à un fripon adroit dontDieu se servit pour cette bonne œuvre. En effet, les méchans sont souvent des instrumens utiles des desseins de Dieu,& il ne réprouve pas ce qu'ils font de bien ; c'est ainsi qu'en St Marc, Jean disant à Notre Seigneur J. C. » Maître, »nousavons vû un homme qui n'est point » votre Disciple, & qui chassoit les démons en votre nom, & nous l'avons » empêché.Jesus leur répondit:Ne l'em- » pêchez pas; car celui qui fait des mira- » cles en mon nom ne dira point de mal »de moi; & celui qui ne vous est pas con- »traire est pour vous.

On vit donc paroître en Portugal un coquin appellé Sahavedra, qui pour chasser de ce Royaume le démon de l'hérésie, employa des moyens si étranges & si inouis, que je douterois de ce que j'écris, si je ne le sçavois pas de science certaine, & que j'ai peine à comprendre comment l'adresse & la fourberie d'un homme a pû aller aussi loin. Qui croira en effet qu'un fourbe ait osé former & exécuter le projet de tromper des Rois, des Princes, le souverain Pontife lui-même, & des milliers d'hommes ?

Ce n'est cependant pas une fable ; nous ne raconterons que ce que nous avons lû dans un ouvrage écrit de la propre main de Sahavedra , & qui est déposé dans la Bibliotheque de Saint Laurent à l'Escurial.

Sahavedra naquit à Cordoue d'une famille honnête. Il s'instruisit de bonne heure dans l'art de contrefaire l'écriture & de faire de faux seings. Un despremiers fruits qu'il retira de son adresse fut de se mettre en possession d'une Commanderie de l'Ordre de Saint Jacques de trois mille ducats par an , en vertu de la signature contrefaite du Roi ; il la posseda pendant dix-sept ans. Il tira aussi à diverses fois des sommes considérables des Receveurs des deniers royaux.

L'an 1539 il vint dans l'Andalousie ; là il fit connoissance avec un homme instruit & d'un esprit très-délié ; celui-ci , après quelques conversations, dit à Sahavedra qu'il avoit un bref du Pape qui l'autorisoit à établir une Maison réligieuse en Portugal ; mais que cette piece , quoique scellée de l'Anneau du Pêcheur lui étoit inutile , parce qu'on n'y avoit point fait mention d'un sien Compagnon qui devoit entrer dans cette affaire. Sahavedra lui dit qu'il étoit fort exercé & fort adroit à contrefaire toutes fortes d'écritures , & qu'il le tireroit de l'embarras où il le voyoit. Alors il prit le Bref & le contrefit fur le champ avec tant d'adreffe, que cet homme & fon Compagnon en furent infiniment fatisfaits.

Sahavedra les voyant enchantés de ce premier effai , leur confia le grand projet qu'il avoit formé d'établir l'Inquifition en Portugal , & la réfolution où il étoit d'employer à cela tous fes foins & tous fes travaux. Il ajouta qu'il ne manqueroit pas d'argent , & ce qu'il y avoit de plus important qu'il avoit des modeles d'écriture & de fignature de toutes les perfonnes dont l'intervention étoit néceffaire pour cet établiffement , & qu'il étoit fûr de les contrefaire fi bien que ces perfonnes elles-mêmes s'y tromperoient.

Peut-être , reprit l'autre enhardi par cette ouverture , peut-être que dans le monde entier vous ne trouveriez perfonne qui pût vous être auffi utile que moi pour l'exécution de votre projet. Il nous faut un Cardinal Légat *à latere* , muni par le Souverain Pontife des pouvoirs les plus amples , & des lettres du Pape & de l'Empereur au Roi Jean ,

contenant des follicitations preffan-
tes pour l'établiffement de l'Inquifition dans fes Etats. Je vous dicte la
forme que nous devons donner à la Bulle
du fouverain Pontife , & je vous aide-
rai pour tout le refte.

Ces gens étant d'accord , on tranfcri-
vit la Bulle prétendue , & on fit faire les
cachets & autres chofes dont on avoit
befoin pour la réuffite de l'entreprife.
Mais pour s'affurer fi la Bulle & les autres papiers étoient bien faits, Sahavedra s'adreffa à un Provincial de l'Ordre
de Saint François ; il lui dit qu'à quelque diftance de la Ville il avoit trouvé
ces parchemins, & qu'il foupçonnoit
des gens qu'il avoit rencontrés & qui
couroient la pofte fur le chemin de Ba-
dajos, de les avoir perdus ; que fi c'é-
toit des chofes qui leur fuffent de quelqu'utilité , il les fuivroit pour les leur
rendre , dut-il lui en coûter jufqu'à cin-
quante ducats. Le Provincial , après
avoir lû tout avec attention, lui dit que
ces papiers étoient de la plus grande im-
portance, qu'il falloit monter fur le
champ à cheval , afin que fa négligence
ne fit pas manquer une affaire dont le
fuccès intéreffoit le bien de la religion ,
que c'étoit une Bulle pour l'établiffe-

ment de l'Inquisition en Portugal, établissement que les souverains Pontifes, tous les Princes Chrétiens, & surtout les Rois de Castille avoient désiré avec la plus grande ardeur, & auquel les Rois de Portugal s'étoient toujours refusés ; qu'il croyoit que ces gens qu'il avoit rencontrés sur le chemin étoient le Cardinal-Légat & sa suite, qu'apparemment ce Cardinal n'étoit pas vieux puisqu'il alloit si bon train, & que probablement il alloit à Badajoz & s'y arrêteroit pour former sa maison & disposer son entrée en Portugal.

Sahavedra voyant par les réponses du Provincial que ses papiers étoient en regle, se transporte à Séville avec les deux fripons dont nous avons parlé plus haut, & dont l'un prend le titre de Majordome, & l'autre celui de Sécrétaire de son Eminence. On fait préparer au Légat de la vaisselle, une litiere, des habillemens magnifiques. Sahavedra pendant ce tems, quoique dans la Ville, ne voyoit ses compagnons qu'en secret, ceux-ci disant toujours qu'ils attendoient son Eminence. On fait ensuite la Maison de M. le Légat formée de cent vingt-six domestiques.

A un jour convenu, Sahavedra étant

forti de la Ville , tout fon train en partit pour aller, difoit-on, au-devant du Cardinal qui arriva de nuit à douze mille de Séville ; le Majordome & le Sécrétaire le reçurent avec les plus grandes démonftrations de refpect & de foumiffion. Le lendemain il fit fon entrée dans la Ville , y fut reçu avec beaucoup d'honneur par le Clergé & par le Peuple , & logé dans le Palais de l'Archevêque ; il y demeura vingt jours , & pendant ce tems il tira treize mille ducats des héritiers d'un riche Seigneur du pays , en produifant une obligation contrefaite de pareille fomme que ce Seigneur reconnoiffoit avoir emprunté du Légat pendant fon féjour à Rome ; & les Exécuteurs - Teftamentaires refufant de payer, il les y contraignit par les Cenfures Eccléfiaftiques , & partit pour Badajoz. Chemin faifant, & paffant par Lerena où il y avoit une efpece d'Inquifition anciennement établie , il emmena avec lui trois Eccléfiaftiques qui préfidoient à ce Tribunal, à deffein de les employer dans les Inquifitions qu'il alloit former.

Le prétendu Légat arrivé à Badajoz , adreffa au Roi Jean les lettres de l'Empereur & du Pape qu'il avoit fabriquées. Le Prince reçut affez mal le Sécrétaire ,

H v

qui retourna effrayé vers son Cardinal,
& l'exhorta à abandonner son projet.
Sahavedra, après avoir repris fortement
son Sécrétaire de sa trop grande timi-
dité, le renvoya au Roi sur le champ,
en le chargeant de déclarer à ce Prince
que si on ne lui donnoit pas une réponse
favorable il alloit repartir tout de suite
pour Rome; le Roi demanda 20 jours.
Sahavedra voyant que cet espace de tems
ne suffisoit pas pour qu'on pût envoyer
à Rome & en recevoir une réponse,
accorda ce délai.

Enfin le Roi trompé par tant d'artifices, envoya au prétendu Légat un
des Grands de sa Cour pour de recevoir,
& lui laissa tout pouvoir pour l'établissement des Tribunaux du Saint-Office
dans ses Etats. Sahavedra vint à la Cour
où il fut reçu du Prince avec beaucoup
de bonté. Il y passa trois mois, après
quoi il employa trois autres mois à former & à établir des Tribunaux de l'Inquisition dans les principales Villes du
Royaume.

Ces Tribunaux commencerent tout de
suite à exercer leur Jurisdiction, & il se
fit un grand nombre de condamnations
& d'exécutions d'hérétiques relaps, &
des abjurations d'hérétiques pénitens.

Six mois s'étoient ainfi paffés , lorfqu'on reconnut la vérité de ce mot de
l'Evangile : il n'y a rien de caché qui ne
fe découvre. Le Marquis de Villeneuve
de Barcarotta , Seigneur Efpagnol , (*qui
avoit été trompé ou volé par Sahavedra , comme beaucoup d'autres , & qui
avoit probablement découvert la fraude
du prétendu Légat ,*) engagea le Gouverneur de Mora à le feconder dans le
projet qu'il avoit formé d'enlever le
fourbe. Pour cet effet le Gouverneur de
Mora invita le Légat à un grand feftin
à fa maifon de campagne , & le Marquis ayant apofté fur le chemin cin-
quante hommes bien armés , fe faifit de
Sahavedra , & lui ayant fait paffer
la riviere qui fépare la Caftille & le Portugal , le conduifit à Madrid où le Roi
étoit.

On le fit comparoître par-devant Jean
de Tavera , Archevêque de Tolede ,
Précepteur du Prince & grand Inquifiteur. Ce Prélat étonné de tout ce qu'il
apprit de la fourberie & de l'adreffe du
faux Légat , envoya toutes les piéces du
Procès au Pape Paul III. auffi bien que
les actes des Inquifitions que Sahavedra
avoit établies , & par lefquelles il pa-

roiſſoit qu'on avoit condamné & jugé
déja un grand nombre d'hérétiques.

Le Pape ne put s'empêcher de recon-
noître dans tout cela le doigt de Dieu
& un miracle de ſa Providence, & il
écrivit au grand Inquiſiteur de ne pas
juger cet homme ſelon toute la rigueur
des Loix, parce qu'il ſeroit bien aiſe de
le voir.

Le Criminel ayant été mis dans les
priſons de Madrid, on répeta contre lui
plus de trois cens mille ducats qu'il avoit
extorqués par de fauſſes ſignatures. Il
fut transféré dans les Priſons du Saint-
Office, & condamné à dix ans de galères, à quoi le Conſeil Royal ajouta une
défenſe d'écrire quoique ce ſoit ſous
peine de la vie. Après qu'il eut demeuré
pluſieurs années aux galères, le Pape
Paul IV. touché de compaſſion, lui fit
rendre la liberté, & il vint ſe préſenter
au Roi qui avoit déſiré de le voir.

Telle eſt l'origine de l'Inquiſition de
Portugal qui s'eſt conſervée depuis ce
tems-là dans le Royaume ſur le même pied
que dans la Caſtille : elle a un Inquiſiteur
général & des Inquiſiteurs particuliers,
& dans la réunion heureuſe qui s'eſt faite
du Portugal à la Couronne d'Eſpagne ſous
notre glorieux Monarque Philippe II,

tout eft demeuré dans le même état qu'auparavant. A Paramo *de origin. Offic. S. Inquif. lib.* 2, *tit.* 2, *cap.* 15. (*a*).

(*a*) L'origine que donne *à Paramo* à l'établiffement fixe des Tribunaux de l'Inquifition en Portugal, eft reconnue & avouée par tous les autres Auteurs qui ont traité de la même matiere, entr'autres par Illiefcas, Salafar, Mendoça, Fernandès, Placentinus, &c. Un feul Auteur Antoine de Soufa dans fes Aphorifmes des Inquifiteurs, révoque en doute la narration qu'on vient de lire; mais fes raifons font bien foibles contre tant d'autorités oppofées. Son principal argument eft que Sahavedra, qu'on prétend avoir écrit ainfi fon Hiftoire, a fort bien pu s'accufer lui-même, fans être coupable, en confidération de la grande gloire qui devoit lui en revenir, & dans l'efpérance de vivre dans la mémoire des hommes, en s'attribuant un Ouvrage auffi admirable que l'établiffement de l'Inquifition : cette raifon ne mérite pas d'être réfutée. D'ailleurs Soufa dans le récit qu'il fubftitue à celui d'à Paramo, fe rend fufpect lui-même. De mauvaife foi, il cite deux Bulles du Pape Paul III au Roi Jean III, & deux autres du même Pontife au Cardinal Henry, frere du Roi; mais on lui oppofe avec raifon, que ces Bulles ne fe trouvent dans aucune des collections des Bulles Apoftoliques, & lui-même ne les a pas fait imprimer dans fon Ouvrage. Deux raifons décifives de rejetter fon opinion, & de s'en tenir à celle qui eft appuyée par la commune opinion.

Comme l'Ouvrage de Louis à Paramo, d'où

EXTRAIT

De quelques endroits de l'Ouvrage de Louis à Paramo, *de origine & progreſſu Officii Sanctæ Inquiſitionis.*

Cet Auteur voulant donner à l'Inquiſition l'antiquité la plus reculée, commence par faire voir qu'Adam & Eve ſe ſont rendus coupables du crime d'héréſie : c'eſt le but du titre premier, *de peccato & infidelitate Adæ*, Lib. 1.

Ce principe établi, il traite au tit. 2. du même Livre 2, de la maniere dont Dieu procéda contre Adam en qualité du premier Inquiſiteur contre *la méchanceté des Hérétiques ;* & il trouve dans la conduite, que Dieu tint la forme de procéder du Saint-Office.

« D'abord Adam eſt cité, *Adam, ubi es ?* & cela pour enſeigner aux Tribunaux futurs de la Sainte Inquiſition, que le défaut de citation rend la procédure nulle & de nul effet. Adam ſe préſente, Dieu commence l'interrogatoire, & juge par lui-même & ſécretement le coupable. Les Inquiſiteurs ſuivent exac-

nous avons tiré l'anecdote qu'on vient de lire, eſt rare & rempli de choſes aſſez étranges, nous ferons peut-être plaiſir à nos Lecteurs, en leur en donnant une légere idée.

tement la même forme de procéder, qu'ils empruntent de Dieu même. »

« Les habits de peau que Dieu fit à Adam & à Eve, font évidemment le modéle des *San-Bénito* dont on revêt les Hérétiques pénitens. Les croix qu'on y attache, & qui étoient autrefois droites, ont été depuis couchées & rapprochées de la forme d'une croix de Saint André, pour marquer que les gens qui les portent, se font écartés de la droiture de la foi chrétienne. »

« Après avoir revêtu Adam de cet habit d'ignominie, qui repréfente l'homme rendu par le péché femblable aux bêtes. Dieu le chaffe du Paradis terreftre ; & c'eft de-là que l'Inquifition a pris la coutume de confifquer les biens des Hérétiques. Cette Loi eft fans doute fort fage, puifque felon Platon, *Lib.* 4. *de Legibus*, & d'Ariftote, *Lib.* 2. *Magn. moralium*, les biens de ce monde fans la vertu font funeftes à ceux qui les poffédent, fervent d'aliment à leurs paffions, & d'inftrument à leurs crimes. »

« Adam fut auffi privé de l'empire qu'il avoit fur les animaux ; par où nous voyons qu'un Hérétique perd toute autorité naturelle, civile & politique. fes enfans ceffent d'être fous fa puiffance, fes efclaves font libres, & fes fujets affranchis de l'obéiffance qu'ils lui devoient. »

« Outre nos premiers parens , on doit regarder comme Hérétiques au premier âge du monde , & punis de Dieu comme tels, Caïn qui douta de la fcience infinie de Dieu , lorfqu'il dit : *Je ne fçais où eft mon frere ,* & qui défefpéra de fa miféricorde , en croyant que *fon péché étoit trop grand , pour qu'il en pût obtenir le pardon ;* les hommes du tems de Noë, qui , felon Saint Thomas , s'étoient mis dans la tête que la fornication n'étoit point un péché ; qui ne voulurent pas croire au déluge dont ce Patriarche les menaçoit , & qui fe moquerent de fon Arche. »

« Au fecond âge du monde, Nemrod & les Ouvriers de la Tour de Babel furent Hérétiques. Le premier , en introduifant l'idolâtrie & le culte du feu , & ceux-ci en fe flattant que leur édifice les mettroit à couvert des fléaux de la colere Divine. »

» Au troifiéme âge, les Sodomites fe rendirent coupables d'héréfie , en çe que chacun d'eux s'efforçoit de perfuader à fon prochain que tous les genres de volupté étoient licites & permis. Auffi Dieu les punit-il des peines employées contre les Hérétiques , c'eft-à-dire, de la confifcation des biens ; car il eft dit qu'ils ne pouvoient plus trouver la porte de leurs maifons , & enfuite de la peine du feu. »

« Ifmaël étoit Hérétique & Idolâtre , & Sara remplit à fon égard l'office d'Inquifiteur , en le chaffant de la maifon paternelle , de peur qu'il ne pervertît Ifaac. »

Efaü fut deshérité par fon pere , parce qu'il fe rendit coupable de Simonie , en vendant pour un plat de lentilles fon droit d'aîneffe , auquel le Sacerdoce étoit attaché.

Les Ifraëlites , pendant le tems de leurs pélerinages dans le défert , fe rendirent coupables d'héréfie en mille occafions ; & lorfqu'ils révoquerent en doute la vérité de la miffion de Moïfe , & lorfqu'ils murmurerent contre lui , & lorfque fe défiant de la Providence divine, ils craignirent de mourir de faim & de foif, & lorfqu'ils obligerent Aaron de leur fabriquer le veau d'or, & lorfqu'ils adorerent Moloch & Béelphegor. Enfin ils avoient une fi forte haine contre Dieu, que fi dès ce tems-là il fe fût fait homme parmi eux , ils n'auroient pas manqué de le crucifier. C'eft donc le crime d'héréfie qui attira fur eux tous les malheurs dont ils furent accablés ; quarante ans d'erreurs dans le désert , sans pouvoir entrer en possession de la Terre promise ; le massacre de trente-trois mille hommes par les mains des Lévites , qui représentoient les Evê-ques & les Inquisiteurs après l'Idolâtrie du veau d'or ; la mort de plusieurs milliers de coupables aux sépulchres de la concupiscence ; la fin terrible de Coré, Dathan & Abiron avec leurs femmes & leurs enfans ; la plaie des serpens ; vingt-quatre mille hommes égorgés , pour avoir rendu un culte à Priape le Dieu des Moabites , &c. »

« L'Histoire des Juifs depuis leur entrée dans la Palestine jusqu'à Samuel , nous offre par-tout des vestiges de l'Inquisition. Othoniel ; Aod qui assassina le Roi de Moab ; Abimélech qui égorgea soixante-dix de ses freres sur la même pierre , & qui brûla mille hommes réfugiés dans le Temple de Baal ; Jephté & les autres Juges qui se montrerent ennemis de l'idolâtrie , étoient revêtus de la dignité d'Inquisiteurs. »

« Pour Heli , l'hérésie est clairement marquée dans ses paroles , lorsque Samuel lui annonce de la part de Dieu , les maux qui alloient accabler les Israélites. Il est le maître, dit-il, *qu'il fasse ce qui est juste à ses yeux. Dominus est quod bonum est in oculis suis faciat.* Ce qui signifie que Dieu est un tyran qui fait tout ce qui lui plaît sans consulter la justice. Ses enfans couchoient avec les femmes qui veilloient à la porte du tabernacle, & qui selon l'opinion d'un habile homme, étoient Religieuses *moniales.* Et d'ailleurs, comme le raconte l'Ecriture, lorsqu'on avoit immolé les victimes, leur valet venoit avec une grande fourchettte à trois dents, la plongeoit dans la marmite où cuisoient les viandes, & prenoit pour ses maîtres ce que la fourchette emportoit, toutes choses qui les rendent véritablement suspects du crime d'héréfie. Or ces crimes & cette héréfie du grand Prêtre Heli, de ses enfans & de tout le peuple, attirerent sur eux les fléaux de Dieu. Heli, Ophni & Phinées moururent misérablement, & trente-quatre mille Israélites périrent par le glaive des Philistins. »

« Les Israélites ayant demandé un Roi, Saül revêtu de l'autorité souveraine, fut en même-tems Inquisiteur, car il fit mourir les Magiciens, les Devins & les Gastroliques. »

« Mais s'étant depuis rendu coupable de magie, en consultant le Pythoniffe d'Endor, il fut réprouvé de Dieu, & perdit la couronne & la vie. »

« Au quatriéme âge du monde, le Roi David fut Inquifiteur très-zélé ; il fit brûler les dieux des Philiftins. Salomon fon fils lui fuccéda. Dieu lui apparut en fonge, & lui dit, *fi les Ifraélites adorent des Dieux étrangers, je les enlèverai de deffus la terre que je leur ai donnée. Je dévafterai leur pays, & je détruirai leurs maifons.* Voilà encore exprimées les peines dues à l'héréfie, c'eft-à dire, l'exil, la confifcation des biens & une infinité d'autres maux. »

« Salomon doué par Dieu de la plus haute fageffe, & comblé de fes bienfaits, laiffa corrompre fon cœur, & adora les dieux des Nations. Il fut puni dans la perfonne de fon fils Roboam, de la confifcation de fes biens, & il perdit dix tribus. »

« Sur quoi on peut remarquer que la punition de ce Prince ne fut pas auffi févere qu'elle auroit dû l'être, puifque par fon idolatrie il auroit mérité de perdre fa couronne, mais Dieu les traita moins rigoureufement en confidération de son pere David, d'où nous devons conclure qu'en punissant les hérétiques, il faut user d'un peu moins de sévérité pour ceux dont les parens sont fermes dans la foi. »

« Roboam, Roi de Juda, adora bientôt les idoles des nations, Dieu l'en punit par la confiscation de ses biens, en suscitant contre lui Sesac, Roi d'Egypte, qui dévasta son Royaume, détruisit un grand nombre de Villes, & pilla le temple & Jerusalem. »

« D'un autre côté Jéroboam, Roi d'Israël, ayant érigé les veaux d'or à Samarie, fut puni par la mort de son fils, par la famine & par beaucoup d'autres fléaux. »

« Abias, fils de Roboam, suivant les traces de son pere, fut puni de mort. »

« Asa son fils, animé de l'esprit de Dieu, exerça l'Office d'Inquisiteur, brûla les idoles, & détruisit les hauts lieux, aussi son regne fut-il heureux & tranquille. »

« Hela, Roi d'Israel, idolâtre obstiné, fut assassiné par Zamri son domestique, qui regna après lui pendant sept jours, & qui remplit l'Office d'Inquisiteur, en exterminant toute la maison de Basa, pere d'Hela. »

« Sous le regne d'Achab, Roi d'Ifraël, Elie montra toute la févérité d'un Inquifiteur, en faifant mourir 850 Prophetes de Baal.

« Enfin le Roi Jofaphat, le Prophete Elifée, Jehu ; le grand Prêtre Joaiada, Ezechias , Jofias , Nabuchodonofor, Efdras , Mathatias & fes cinq fils , les Machabées & tous les perfonnages de l'Hiftoire fainte , qui ont été les Miniftres des vengeances de Dieu , étoient autant d'Inquifiteurs des hérétiques. »

« Dans la loi nouvelle, Jefus-Chrift a été le premier Inquifiteur, & il en a exercé les fonctions dès le treiziéme jour de fa naiffance, en faifant annoncer à la ville de Jérufalem par les trois Rois Mages, qu'il étoit venu au monde, & depuis , en faifant mourir Herode mangé de vers , en chaffant les vendeurs du temple , &c. & en livrant la Judée à des tyrans , qui la pillerent en punition de fon infidélité. «

« Après Jefus-Chrift, Saint Pierre, Saint Paul & les autres Apôtres , ont exercé l'Office d'Inquifiteur qu'ils ont tranfmis aux Papes & aux Evêques leurs fucceffeurs. »

Tels ont été felon A Paramo les com-

mencemens de l'Inquisition , dont *l'ar-*
bre florissant & verd , dit-il dans sa
Préface , *a depuis étendu ses racines &*
ses branches dans le monde entier , &
porté les fruits les plus doux. Nous ne
suivrons pas l'Auteur dans l'histoire
qu'il fait de l'établissement des Inquisitions dans tous les pays du monde , de
peur de fatiguer les Lecteurs , en leur
mettant sous les yeux des détails toujours révoltans pour l'humanité , par
le sang-froid , & quelquefois par la joie
cruelle avec laquelle on y rapporte les
barbaries exercées par les Inquisiteurs.
En voici cependant quelques traits.

« Moi, Frere Dominique (c'est Saint
Dominique qui parle) je reconcilie à
l'Eglise le nommé Roger , porteur des
présentes , à condition qu'il se fera
fouetter par un Prêtre trois Dimanches
consécutifs depuis l'entrée de la Ville
jusqu'à la porte de l'Eglise , qu'il fera
maigre toute sa vie , qu'il jeûnera trois
Carêmes dans l'année , qu'il ne boira jamais de vin , qu'il portera le san-benito
avec des croix , qu'il récitera le Breviai-
re tous les jours , dix *pater* dans la jour-
née & vingt à l'heure de minuit , qu'il
gardera désormais la continence & qu'il
se présentera tous les mois au Curé de

La Paroiſſe, &c. tout cela ſous peine d'être traité comme hérétique, parjure & impénitent. *Lib.* 2, *tit.* 1, *cap.* 2.

« Sous les auſpices de Sainte Madeleine, le Comte de Montfort prit d'aſſaut la Ville de Beziers, & en fit maſſacrer tous les Habitans. *Lib.* 2, *tit.* 1, *cap.* 2. »

« A Laval on brûla à une ſeule fois 400 Albigeois ; dans tous les Hiſtoriens de l'Inquiſition que j'ai lus, je n'ai jamais vu un acte de foi auſſi célébre, ni un ſpectacle auſſi ſolemnel. »

« Au Village de Cazeras on en brûla 60 autres, & dans un autre endroit 180. *Ibidem.* »

« A la Guadeloupe, les Inquiſiteurs firent brûler 52 hérétiques. *cap.* 4. »

« A Séville comme on cherchoit à faire un exemple de ſévérité ſur les Juifs, Dieu qui ſçait tirer le mal du bien, permit qu'un jeune homme qui attendoit une *fille*, vit par les fentes d'une cloiſon une aſſemblée de Juifs, & les dénonça. On ſe ſaiſit d'un grand nombre de ces malheureux, & on les punit comme ils le méritoient. *Lib.* 2, *tit.* 2, *c.* 2. »

« A Séville, en vertu de divers Edits des Rois d'Eſpagne & des Inquiſiteurs généraux & particuliers établis dans ce Royaume, il y eut d'abord en fort peu

de

de tems environ deux mille hérétiques brûlés , & plus de quatre mille de l'an 1482 jusqu'à 1520 , une infinité d'autres furent condamnés à la prison perpétuelle, ou soumis à des pénitences de différens genres. Il y eut une si grande émigration qu'on y comptoit cinq mille maisons vuides , & dans le Diocèse trois mille , & en tout il y eut plus de cent mille hérétiques mis à mort, ou punis de quelqu'autre maniere , ou qui s'expatrierent pour éviter le châtiment. Ainsi ces Peres pieux firent un grand carnage des Hérétiques. *Sicque pii illi patres magnam hereticorum stragem ediderunt. Lib .2 , tit. 2 , cap. 4.* »

« A la sollicitation du Frere Turrecremata , grand Inquisiteur en Espagne , le Roi Ferdinand V. surnommé le Catholique , bannit de son Royaume tous les Juifs , en leur accordant trois mois à compter de la publication de son Edit , après lequel tems il leur étoit défendu sous peine de la vie de se retrouver sur les terres de la domination Espagnole. Il leur étoit permis de sortir du Royaume avec les effets & marchandises qu'ils auroient achetées , mais défendu d'emporter aucune espece ou matiere d'or & d'arget. »

I

Le Frère Turrecremata appuya cet Edit dans le Diocèse de Tolede par une défense à tous Chrétiens, sous peine d'excommunication, de donner quoique ce soit aux Juifs, même des choses les plus nécessaires à la vie. »

« D'après ces Loix il sortit de la Catalogne, du Royaume d'Arragon, de celui de Valence, & des autres pays soumis à la domination de Ferdinand, environ un million de Juifs, dont la plupart périrent misérablement ; de sorte qu'ils comparent les maux qu'ils souffrirent en ce tems-là à leurs calamités sous Tite & sous Vespasien. Cette expulsion des Juifs causa à tous les Rois Catholiques une joie incroyable. »

« Quelques Théologiens ont blâmé ces Edits du Roi d'Espagne, leurs raisons principales sont qu'on ne doit pas contraindre les Infideles à embrasser la foi de Jésus-Christ, & que ces violences sont la honte de notre religion. »

« Mais ces argumens sont bien foibles, & je soutiens que l'Edit est pieux, juste & louable ; la violence par laquelle on exige des Juifs qu'ils se convertissent, n'étoit pas une violence absolue, mais conditionnelle, puisqu'ils pouvoient s'y souftraire en quittant leur patrie ; d'ailleurs ils pouvoient gâter les Juifs nouvellement convertis & les Chrétiens mêmes ; or , felon ce que dit Saint Paul, quelle communication peut-il y avoir entre la Juftice & l'iniquité , entre la lumiere & les ténebres , entre Jefus-Chrift & Belial ? »

« Quant à la confifcation de leurs biens, rien de plus jufte , parce qu'ils les avoient acquis par des ufures envers les Chrétiens , qui ne faifoient que reprendre ce qui leur appartenoit. »

« Enfin par la mort de Notre Seigneur , les Juifs font devenus efclaves ; or tout ce qu'un efclave poffede appartient à fon maître : ceci foit dit en paffant contre les injuftes cenfeurs de la piété , de la juftice irrépréhenfible & de la fainteté de l'Edit du Roi Catholique. *Lib.* 2 , *tit.* 2 , *cap. 6.* »

» L'établiffement de l'Inquifition à Tolede fut une fource féconde de biens pour l'Eglife Catholique. Dans le court efpace de deux ans, elle fit brûler 52 hérétiques obftinés , & 220 furent condamnés par contumace : d'où l'on peut conjecturer de quelle utilité cette Inquifition a été depuis qu'elle eft établie , puifqu'en fi peu de tems elle avoit fait de fi grandes chofes. *Lib.* 2 , *tit.* 2 , *cap. 7.* »

« L'an 1315, quelques milliers d'héré-tiques s'étant répandus dans le Cremafc, les Freres Dominicains en firent brûler la plus grande partie , & arrêterent par le feu les ravages de cette pefte. *Lib.* 2 , *tit.* 2 , *cap.* 25. »

« Au commencement de l'établiffement de l'Inquifition dans le Milanois , vers le milieu du treiziéme fiécle , les héré-tiques n'étoient point foumis à la peine de mort dont ils font cependant fi d gnes , parce que les Papes n'étoient pas affez refpectés de l'Empereur Frederic qui poffedoit cet Etat , mais peu de tems après , c'eft-à-dire vers 1242 , on brûla les hérétiques à Milan comme dans les autres endroits de l'Italie. *Lib.* 2 , *tit.* 2 , *cap.* 30. &c. &c. &c. »

Poftfcriptum de l'Editeur.

Il fe trouvera peut-être des per-fonnes honnétes & des ames fenfibles qui nous blâmeront d'avoir mis fous leurs yeux les tableaux affreux que nous venons de préſenter ; elles demanderont quel avantage ou quel plaiſir on peut trouver à arrêter ſes regards ſur des objets auſſi révol-tans.

Pour repouſſer ces reproches, il nous ſuffira de remarquer que c'eſt préciſément parce que ces tableaux ſont révoltans, qu'il eſt néceſſaire de les montrer pour en inſpirer l'hor-reur ; qu'après tout, ces cruautés ont été applaudies pendant pluſieurs ſiécles par des Nations que nous ap-pellons polies, & qui prétendoient avoir une morale, que dans pluſieurs pays de l'Europe ces maximes hor-ribles ſont encore regardées comme ſacrées ; que dans d'autres ce n'eſt

que depuis peu de tems, & encore à
peine qu'il est permis d'en rire & de
s'en indigner ; enfin, & ce trait seul
nous justifiera, on a imprimé à Pa-
ris en 1758 l'*Apologie de la Saint*
Barthelemy (a) ; il est donc encore
utile d'écrire sur l'Inquisition.

(a) L'Auteur est M. l'Abbé de
Caveyrac.

F I N.